초등학생을 위한 지식습관 ③

과학 개념 30

SCIENCE IDEA

글 마이크 골드스미스

영국 킬 대학교에서 천체물리학 박사 학위를 받은 과학자이자, 어린이를 위한 과학책을 쓰는 작가다. 어벤티스 과학상(Aventis Prize for Science) 청소년 부문 후보에 두 차례나 올랐으며 이 외에도 50권이 넘는 과학책을 출간했다. 우리나라에도 『내 똥은 어디로 갔을까?』, 『신통방통 오 감각』, 『생각번뜩 아인슈타인』, 『별별생각 과학자들』, 『재미있게 읽는 수학개념』, 『수학천재』 등이 출간되었다.

그림 멜빈 에반스

영국 남부에 살며 일러스트레이터와 판화가로 활동하고 있다. 다양한 책과 매체에 아름다운 삽화를 그렸다.

옮김 송지혜

부산대학교에서 분자생물학과 일어일문학을 전공하고, 고려대학교에서 과학언론학으로 석사학위를 받았다. 제1회 밀크T 창작동화 공모전에서 과학 동화 부문 은상을 수상했으며, 어린이를 위한 과학책을 쓰고 옮기는 일을 하고 있다. 쓴 책으로 『초등학생이 딱 알아야 할 첨단과학 상식 이야기』, 『자연을 담은 색, 색이 만든 세상』, 『디지털이 종이를 삼키면, 지구 온도는 내려갈까?』 등이 있고, 옮긴 책으로 『알기 쉬운 원소도감』, 『초등학생이 알아야 할 바다 100가지』, 『10대를 위한 최신 과학: 드론』 등이 있다.

감수 이정모

국립과천과학관 관장으로 연세대학교 생화학과를 졸업하고, 같은 학교 대학원에서 석사학위를 받았다. 서대문자연사박물관 관장, 서울시립과학관 관장으로 재직하였으며 2019년 과학의 대중화에 기여한 공로로 과학기술훈장 진보장을 받았다.
지은 책으로 『저도 과학은 어렵습니다만』, 『과학자를 울린 과학책』(공저), 『공생 멸종 진화』, 『바이블 사이언스』, 『달력과 권력』, 『그리스 로마 신화 사이언스』, 『삼국지 사이언스』(공저), 『과학하고 앉아 있네 1』(공저), 『해리포터 사이언스』(공저) 외 다수가 있고 옮긴 책으로 『인간 이력서』, 『매드 사이언스 북』, 『모두를 위한 물리학』 외 다수가 있다.

초등학생을 위한 지식습관 ③

과학 개념 30
SCIENCE
IDEA

글 마이크 골드스미스 | 그림 멜빈 에반스 | 옮김 송지혜 | 감수 이정모

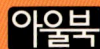

차례

세상을 이해하는 과학 6

고대 그리스 8
1 논리 12
2 세상을 설명하는 수학 14
3 원소 16
4 태양계 18

과학 혁명 20
5 전기와 자기 24
6 운동 26
7 세포 28
8 중력 30
9 빛 32

이성의 시대 34
10 운동론 38
11 빛의 파장 40
12 화학 반응 42
13 원자 44

산업화 시대 46
- 14 전자기 50
- 15 에너지 52
- 16 진화 54
- 17 병원균 56
- 18 유전학 58
- 19 주기율표 60

현대 과학 62
- 20 양자 66
- 21 원자력 68
- 22 상대성 이론 70
- 23 대륙 이동설 72
- 24 화학 진화설 74
- 25 불확정성의 원리 76

오늘날의 과학 78
- 26 빅뱅 82
- 27 디엔에이(DNA) 84
- 28 유전자 변형 86
- 29 표준 모형 88
- 30 끈 이론 90

지식 플러스
이 책에 나온 과학자들 92

세상을 이해하는 과학

오늘날 과학은 세상을 지배하고 있습니다. 우리가 입는 옷, 먹는 음식, 살고 있는 집, 매일 보는 텔레비전은 모두 과학의 발전 덕분에 우리가 누리고 있는 것들입니다. 뿐만 아니라 과학 덕분에 우리는 건강을 지키고 우리를 둘러싸고 있는 우주를 더 많이 이해할 수 있게 됐습니다.

하지만 사람들이 과학적 방법으로 생각하기 시작한 것은 3천 년도 채 되지 않았습니다.

처음 과학적 방법으로 세상을 이해하려고 한 사람들은 고대 그리스인들이었습니다. 그들은 우주가 어떻게 움직이고 있는지 알고 싶어 했고, 이를 논리적으로 사고하여 여러 가지 주장을 내놓았습니다. 오늘날 그들의 주장은 대부분 틀린 것으로 밝혀졌습니다. 그들은 날씨, 별, 소리, 그리고 화산 같은 자연현상이 왜 일어나는지 그 이유를 상상하는 데는 뛰어났습니다. 오늘날 그들의 주장은 대부분 틀린 것으로 밝혀졌습니다. 그들의 주장을 증명할 만큼 과학적 방법이 뒷받쳐 주지 못했기 때문입니다.

16세기에 들어서야 근대적인 과학적 방법이 사용되기 시작했으며 그때부터 과학은 빠르게 발전했습니다.

19세기에 이르러 사람들은 과학이 세상의 원리를 설명하는 것 말고도 수많은 일을 할 수 있다는 사실을 깨닫게 되었으며 과학 발전은 더욱더 빨라졌습니다. 사람들은 과학을 이용해 새로운 기계를 만들고 새로운 물질을 만드는 방법을 알게 됐습니다. 수백만 명의 목숨을 앗아간 질병을 퇴치할 수 있는 실마리도 찾아낼 수 있었습니다.

과학의 쓰임새가 점점 커지자 세계 여러 나라는 국가 발전에 과학이 매우 중요하다는 사실을 깨닫게 되었습니다. 20세기에 들어서자 세계 여러 나라는 과학 연구에 엄청난 돈을 쓰기 시작했고, 그 결과 놀라운 과학적 발견이 이어졌고, 과학의 발전 속도도 놀라울 정도로 빨라졌습니다.

이 책에서는 과학의 역사에서 가장 중요한 과학 개념 30가지를 소개하고 있습니다. 과학 개념을 이해하기 위해서 따라할 수 있는 간단한 실험도 소개하고 있습니다.

고대 그리스

2,000년 전, 고대 그리스 사람들은 과학적인 방법으로 세상을 이해하기 시작했습니다. 그 무렵 다른 지역에 살던 사람들과 달리 고대 그리스 사람들은 종교의 눈으로만 세상을 바라보지 않았기 때문입니다. 그래서 좀 더 자유롭게 자신들의 생각을 발전시킬 수 있었습니다.
기원전 600년 무렵부터 그리스의 철학자들은 과학을 정의하는 원칙을 만들었습니다.

고대 그리스
읽기 전에 알아두기

논리 규칙을 사용하여 단계적으로 문제를 해결하는 과정이나 원리.

물리학 물체가 움직이고 변화하는 방식을 연구하는 학문.

산소 공기를 구성하는 기체 중 하나. 숨을 쉬는 데 필요하다.

생물학 생물을 과학적으로 연구하는 학문.

우주 이 세상에 존재하는 모든 것.

원소 물질을 이루는 가장 작은 기본 단위. 금과 철은 모두 원소다.

음파 물체가 진동하면서 공기를 통해 전달되는 파동. 이것이 우리의 고막을 진동시키면 뇌가 소리로 인식한다.

태양 중심설(지동설) 태양이 우주의 중심이고 행성들이 태양의 주위를 돈다고 주장하는 이론.

지구 중심설(천동설) 태양, 별, 행성들이 지구 주위를 돈다고 주장하는 이론.

천문학 태양, 달 그리고 별 등 지구 너머의 것들을 과학적으로 연구하는 학문.

타원형 길쭉하게 둥근 모양. 행성들은 타원형 궤도를 그리며 태양 주위를 돈다.

태양계 태양과 그 주위를 도는 지구, 달, 행성, 혜성 그리고 그 밖의 천체들.

항성 뜨거운 기체로 이루어진 거대한 불덩어리. 태양은 항성이며, 항성은 별이라고도 한다.

원자핵 원자의 중심 부분.

행성 항성 주위를 돌며 스스로 빛을 내지 못하는 천체. 지구는 행성이다.

화학 여러 물질과 그들의 반응을 과학적으로 연구하는 학문.

화합물 하나 이상의 원소들이 결합하여 만들어진 물질. 물은 수소 원소 둘과 산소 원소 하나로 이루어진 화합물이다.

한눈에 보는 지식
1 논리

과학은 우리 주변에 있는 모든 것을 설명하는 방법이며, 또한 그 방법을 통해 얻은 지식을 말합니다. 처음으로 논리적으로 생각하기 시작한 사람은 고대 그리스 사람들입니다. 그중 가장 유명한 사람은 약 2,300년 전에 살았던 아리스토텔레스입니다. 오늘날 아리스토텔레스가 생각해 낸 대부분의 이론들은 틀린 것으로 밝혀졌습니다. 예를 들어, 아리스토텔레스는 태양이 지구 주위를 돈다고 생각했으며 돌이 바닥으로 떨어지는 것은 자기 자리를 찾아가는 과정이고, 여자의 치아 개수는 남자보다 적다고 생각했습니다.

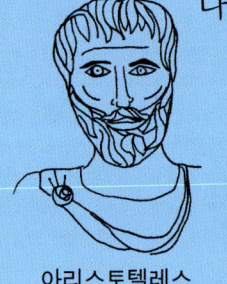
아리스토텔레스

하지만 오늘날까지도 우리는 아리스토텔레스의 주장을 공부합니다. 그가 논리적인 사고를 이용했기 때문입니다. 아리스토텔레스와 비슷한 시대에 살던 대부분의 사람은 비가 내리고 병이 걸리는 등의 모든 현상을 신이 일으킨다고 생각했습니다. 하지만 아리스토텔레스와 몇몇 그리스 사람은 논리적으로 자연 현상을 설명할 수 있다고 생각했습니다.

그 뒤, 논리는 과학의 기본 원칙이 됐습니다. 과학과 과학자들 덕분에 우리는 우주에 관해 더 많은 것을 알게 되었고, 질병을 치료하거나 놀라운 기계를 만들 수도 있게 되었답니다.

한줄요약
과학은 논리적 사고를 바탕으로 합니다.

현재의 과학 분야

물리학 물질과 물질의 운동과 변화를 연구하는 학문. 운동과 변화에는 에너지가 필요하며, 이 에너지는 열, 빛, 전기 등의 에너지로 나누어진다.
화학 여러 가지 물질의 상호작용이나 새로운 화합물의 합성을 연구하는 학문.
생물학 생물의 구조와 기능을 연구하는 학문.
지구과학 지구와 너머의 여러 천체를 연구하는 학문.

한눈에 보는 지식
2 세상을 설명하는 수학

오늘날 수학은 과학을 연구할 때 꼭 필요합니다. 하지만 처음부터 과학에 수학이 꼭 필요했던 것은 아닙니다. 처음으로 수학으로 세상의 원리를 설명하려고 했던 과학자는 아리스토텔레스보다 200년 먼저 태어난 피타고라스입니다.

피타고라스는 악기에 달린 두 개의 현을 동시에 연주하면 소리가 듣기 좋은 이유를 찾고자 했습니다. 그는 짧은 끈의 길이를 긴 끈의 길이로 나누어 보았습니다. 그리고 그 값이 0.5나 0.25로 나누어떨어지면 조화로운 소리가 나는 것을 발견했습니다.

여기에는 과학 원리가 숨어 있습니다. 서로 다른 음파가 만났을 때 그들의 파장이 서로 잘 맞으면 단순한 패턴을 만들어 내기 때문입니다. 피타고라스는 이 발견에 큰 감명을 받아 온 우주를 숫자와 수학으로 설명될 수 있다고 믿게 되었습니다.

피타고라스

피타고라스의 생각은 옳았습니다. 오늘날 과학자들은 수학적인 접근법으로 음파, 광파, 지진파를 포함한 많은 종류의 파동을 연구하고 있습니다. 그들은 숫자와 수학을 사용하여 놀라운 발견을 하고 있답니다.

한줄요약
수학은 과학에 꼭 필요한 학문입니다.

소리의 속도 구하기

준비물 비어 있는 플라스틱 물병 2개, 줄자, 스톱워치 (혹은 스마트폰의 스톱워치 앱), 도와줄 친구

실험 방법
① 친구와 운동장에서 서로 떨어져 있고, 거리를 잽니다.
② 나는 플라스틱 물병 2개를 세게 맞부딪힙니다.
③ 친구는 내가 플라스틱 물병을 부딪힐 때 스톱워치를 누르고, 부딪히는 소리가 들릴 때 스톱워치를 멈춥니다.
④ 속도는 거리를 시간으로 나눈 값이므로, 나와 친구가 떨어진 거리를 친구가 잰 시간으로 나누면 소리의 속도를 알 수 있습니다.

피타고라스는 수학을 이용하여 단순한 모양의 음파가 조화로운 소리를 내는 이유를 설명했다.

한눈에 보는 지식
3 원소

바닷물에서 설탕에 이르기까지 우리 주변에 있는 모든 것은 원소라고 불리는 아주 작은 물질로 이루어져 있습니다. 원소는 과학에서 아주 중요한 개념입니다. 원소는 고대 그리스인들, 그중에서도 약 2,500년 전에 살았던 엠페도클레스가 처음으로 생각해 냈습니다.

엠페도클레스

엠페도클레스는 세상의 모든 물질은 4원소로 이루어져 있다고 주장했습니다. 이 4원소는 흙, 공기, 불, 물입니다. 그는 4원소는 각각 고유한 성질이 있고, 있어야 할 자리가 정해져 있다고 믿었습니다. 그의 주장에 따르면 물은 흙 위와 공기 아래에 있고, 차갑고 축축합니다. 불은 뜨겁고 건조하며, 공기 위에 있어서 불길이 위쪽으로 타오릅니다.

오늘날까지 발견되고 만들어진 원소는 118가지입니다. 하지만 여기에 엠페도클레스가 주장한 4원소는 하나도 들어가 있지 않습니다. 예를 들어, 물은 수소와 산소라는 원소로 이루어져 있기 때문입니다.

한줄요약
모든 물질은 원소로 이루어져 있습니다.

원소 합치기

철은 지구에서 가장 흔한 원소로, 많은 금속에 철이 들어 있습니다. 철은 공기 중에 있는 산소와 만나면 녹이 스는데, 보통 녹은 산화철을 가리킵니다. 녹을 만드는 방법을 알아봅시다.

준비물 키친타월, 레몬주스, 소금, 작은 금속 물건(못, 클립, 핀 등)

실험 방법
① 쟁반 위에 키친타월을 몇 장 깝니다.
② 키친타월 위에 못, 클립, 핀 같은 금속 물건을 올려놓습니다.
③ 레몬주스 몇 스푼과 소금을 섞은 뒤에 금속 물건들 위에 뿌리고 며칠 뒤에 관찰합니다.
⋯ 녹이 생겨 있습니다.

한눈에 보는 지식
4 태양계

옛날 사람은 태양이 지구 주위를 돌기 때문에 태양이 아침에 동쪽에서 떠서 하늘을 가로질러 저녁이 되면 서쪽으로 진다고 믿었습니다.

1년 동안 하늘을 도는 몇몇 별들이 관찰되자, 사람은 이 별들도 당연히 지구 주위를 돈다고 생각했습니다. 그래서 이 별들을 '행성'이라고 불렀습니다.

아리스타르코스

기원전 270년 무렵, 그리스에 살던 아리스타르코스가 처음으로 태양의 크기를 계산했습니다. 비록 정확하지는 않았지만 태양이 지구보다 훨씬 크다는 것을 알아냈습니다. 이를 통해서 아리스타르코스는 작은 지구가 거대한 태양 주위를 도는 것이라고 생각했습니다.

그 뒤 아리스타르코스가 옳다고 생각하는 사람은 거의 없었습니다. 약 1,800년이 지나고 나서야 코페르니쿠스, 케플러, 갈릴레오 등의 과학자들이 나타나 아리스타르코스의 생각이 옳다는 것을 증명했습니다. 지금은 지구는 행성이며, 행성은 항성인 태양 주위를 돈다는 사실을 모르는 사람은 없습니다.

한줄요약
모든 행성은 태양 주위를 돌고 있습니다.

타원형 그리기

행성은 타원형 궤도를 그리며 태양 주위를 돌고 있습니다.

준비물 보드지, 핀 2개, 종이, 20cm길이의 실, 연필

실험 방법
① 보드지 위에 종이를 올려놓습니다.
② 종이 가운데 부분에 핀 2개를 5cm 간격으로 꽂습니다.
③ 실의 양 끝을 서로 묶은 다음, 핀 2개와 연필 사이에 실을 걸어서 팽팽하게 당깁니다.
④ 실을 팽팽하게 만들면서 연필로 핀 주위를 돕니다. 이 모양이 타원형입니다.

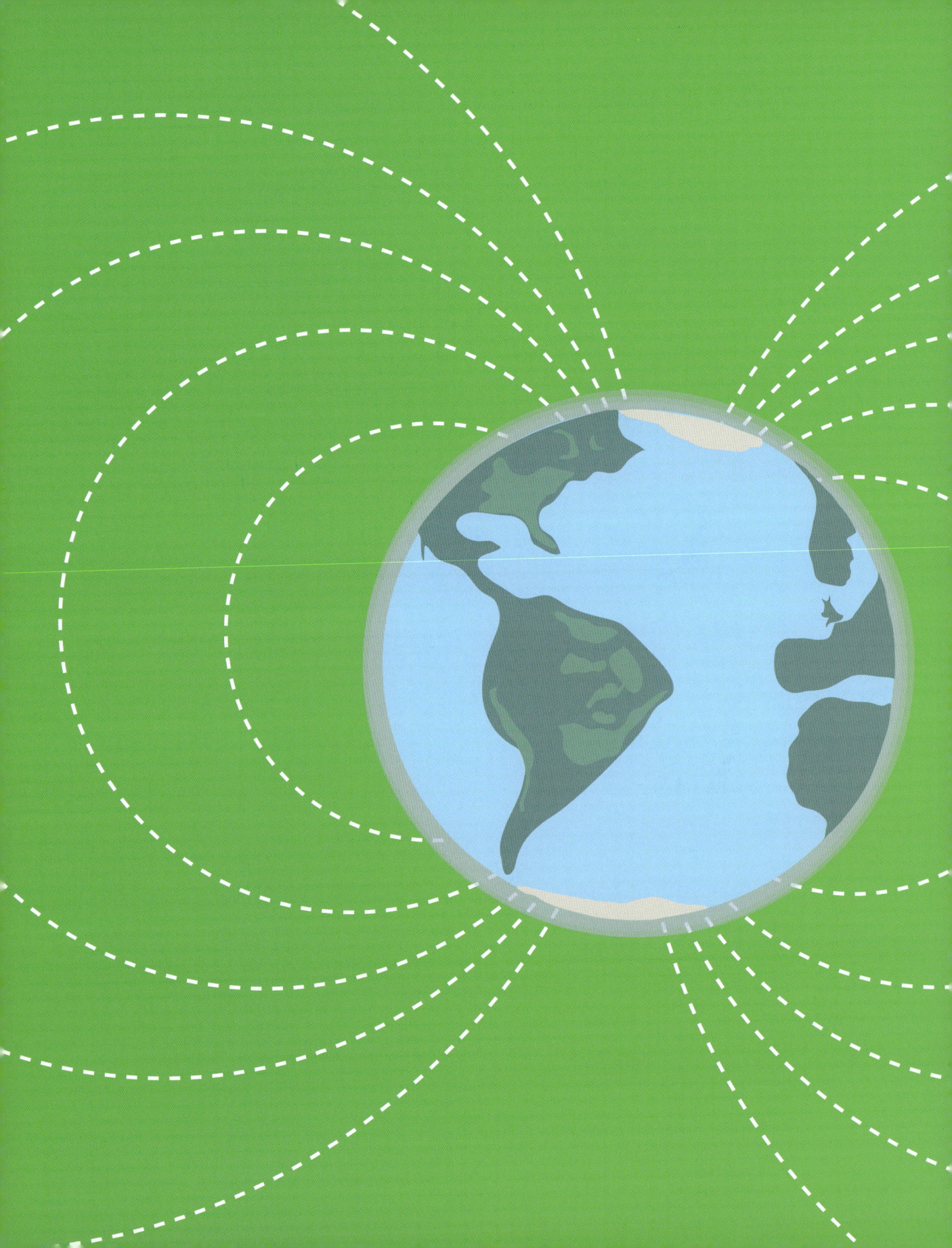

과학 혁명

기원전 5세기에 고대 그리스 문명이 끝난 이후, 유럽에서는 한동안 과학의 발전이 거의 이루어지지 않았습니다. 그 대신 이슬람 세계의 과학자들이 그리스 사람의 생각을 이어받았습니다.

12세기에는 고대 그리스와 이슬람 세계의 과학 지식이 다시 유럽으로 전해졌고, 유럽에서 과학에 대한 관심이 되살아나게 되었답니다.

과학 혁명
읽기 전에 알아두기

극 지구의 축과 자석 등의 양 끝.

나침반 여행을 하는 사람이 방향을 찾기 위해 사용하는 기구. 나침반에는 빙글빙글 돌아가는 길고 얇은 자석이 들어 있다. 이 자석의 양 끝은 항상 북극과 남극을 가리킨다.

세포 모든 생명체를 이루는 구성 요소. 단 한 개의 세포로 이루어진 아주 작은 생명체도 있고, 인간처럼 수조 개의 세포로 이루어진 큰 생명체들도 있다.

스펙트럼 무지개색으로 펼쳐진 빛. 별처럼 빛을 내는 물체를 분석하는 데 사용된다.

원자 물질을 구성하는 기본 입자. 자신보다 훨씬 더 작은 입자들로 이루어져 있다. 우리 주변의 모든 것은 원자들이 서로 결합하여 만들어졌다.

입자 눈에 보이지 않을 정도로 작은 덩어리. 원자와 전자는 입자다.

전동기 자석의 힘을 이용하여 코일을 회전시키는 장치. 보통 바퀴를 굴리는 데 사용되며 일반적으로 모터를 말한다.

전자 아주 작은 입자. 원자를 구성하는 성분이다.

전하 물체가 띠고 있는 정전기의 양. 양전하와 음전하가 있다.

중력 우리를 땅에 붙어 있게 하고, 물체를 아래로 떨어지게 하며, 달이 지구 주위를 돌고, 지구가 태양 주위를 돌게 하는 힘.

진자 실에 매달려 왕복 운동을 하는 추.

질량 어떤 물체 안에 있는 물질의 양. 질량이 클수록 무겁다.

태양계 태양, 그리고 그 주위를 도는 지구, 달, 행성, 혜성 그리고 그 밖의 천체들.

항력 탈것이 움직일 때 그 반대 방향으로 작용하는 공기나 물, 또는 땅의 힘.

핵 세포나 원자 등의 중심부.

행성 항성 주위를 돌며 스스로 빛을 내지 못하는 천체. 지구는 행성이다.

현미경 아주 작은 물체를 선명하게 볼 수 있는 기구.

혜성 우주를 여행하는 얼음 먼지로 이루어진 물체. 때때로 혜성은 태양 가까이 여행하는데, 이때 지구에서도 가스로 이루어진, 빛나는 긴 꼬리가 있는 혜성을 쉽게 볼 수 있다.

호박 아주 오래전 나무에서 흘러나온 끈적끈적하고 투명한 주황색 액체가 단단하게 굳어진 것.

힘 밀고 당기는 것. 중력은 힘의 한 종류다.

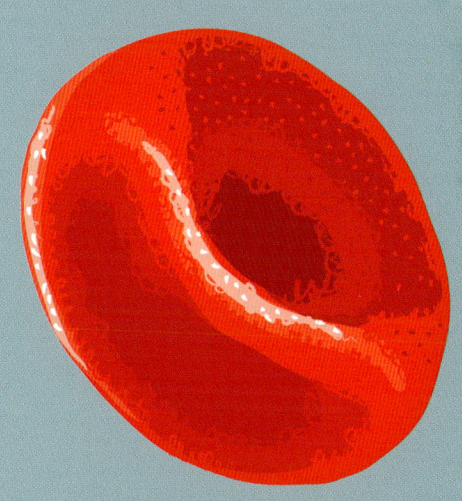

한눈에 보는 지식
5 전기와 자기

옛날 사람은 어떤 희귀한 암석이 철로 만든 물체를 끌어당긴다는 사실을 알고 있었습니다. 또한 호박과 같은 광물을 문지르면 깃털처럼 가벼운 물체를 끌어당긴다는 것도 알고 있었습니다. 하지만 이러한 현상이 전기와 자기 때문에 일어난다는 것은 모르고 있었습니다.

자기를 띤 물체인 자석은 매우 쓸모가 많습니다. 자석을 자유롭게 빙글빙글 돌 수 있게 만들면 자석의 한쪽 끝은 북쪽을, 다른 한쪽 끝은 남쪽을 가리킵니다. 자석의 이런 성질을 이용해서 만든 물건이 바로 나침반입니다.

1600년 무렵에 윌리엄 길버트는 지구가 커다란 자석이기 때문에 나침반이 항상 남쪽과 북쪽을 가리킨다는 사실을 밝혀냈습니다.

또한 길버트는 전기에 관련된 실험도 했습니다. 길버트가 죽고 몇 백 년이 지난 뒤에 과학자들은 전기와 자기를 만들고 다루는 방법을 알게 됐습니다. 이들 덕분에 오늘날 우리가 수많은 기기를 편리하게 이용할 수 있게 됐습니다. 예를 들어, 세탁기의 모터는 전기와 자기를 사용하여 통을 회전시켜 빨래를 합니다.

윌리엄 길버트

한줄요약
전기와 자기는 기계를 움직이게 합니다.

놀라운 과학 사실
마찰하면 전기가 생기는 이유

만약 여러분이 입고 있는 스웨터에 풍선을 문지른 다음 벽에 가져다 대면 풍선이 벽에 달라붙을 것입니다. 그 풍선을 종잇조각에 가져다 대도 종잇조각이 달라붙을 것입니다. 왜 그럴까요? 풍선을 문지르면 전자라고 불리는 아주 작은 입자들이 그 위에 모이게 되어 '음전하'를 띠게 됩니다. 이 풍선을 다른 물체 가까이 대면, 풍선에 모여 있는 전자는 그 물체의 전자를 밀어내서 '양전하'가 남게 됩니다. 양전하와 음전하는 서로 끌어당기기 때문에 풍선과 물체가 서로 달라붙게 되는 거랍니다.

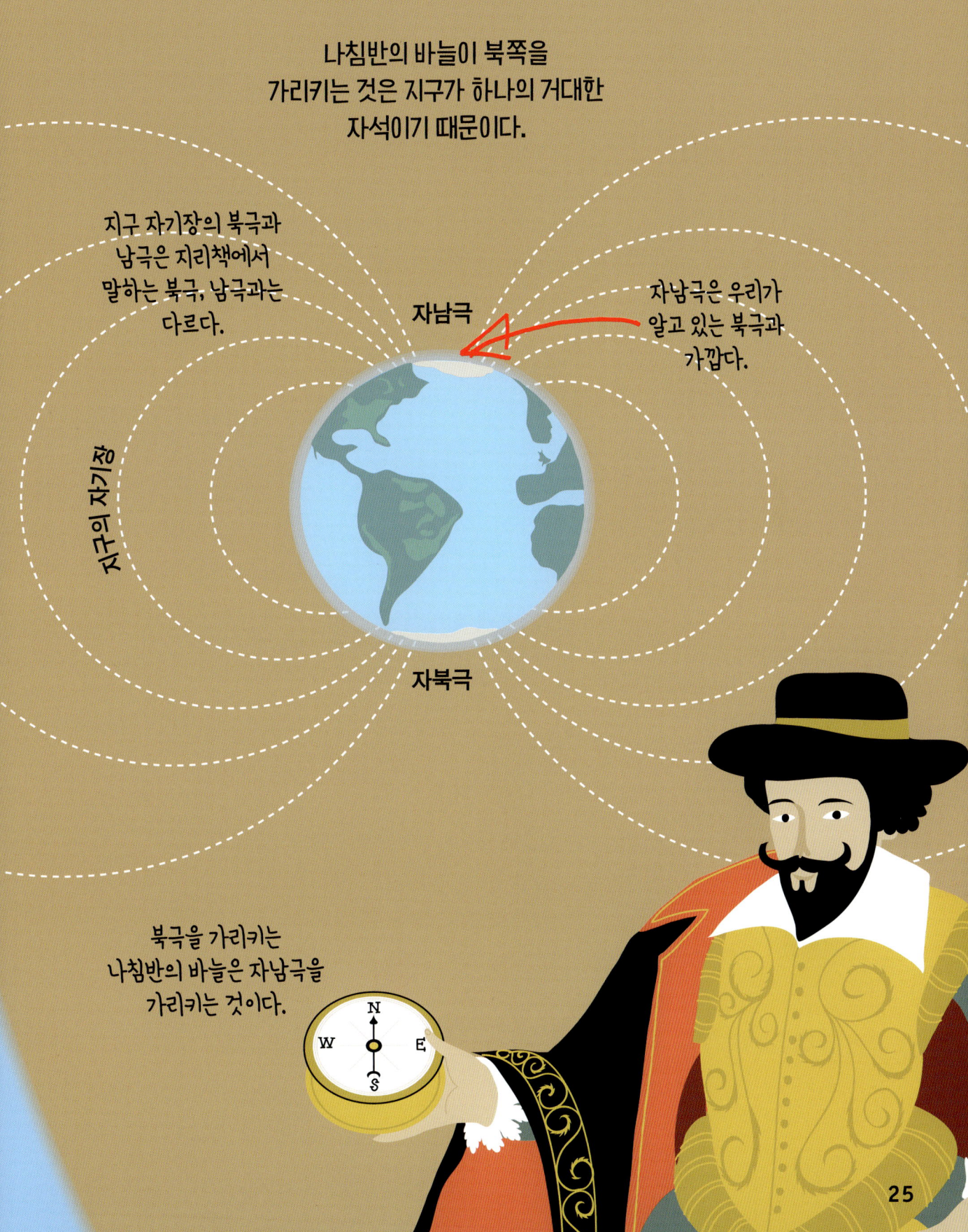

한눈에 보는 지식
6 운동

몇 백 년 전 과학자들은 물체가 시간에 따라 움직이는 현상인 '운동'에 큰 흥미를 느꼈습니다. 옛날 사람은 물체가 계속 움직이려면 물체를 밀거나 당겨야 한다고 생각했습니다. 예를 들어 마차는 말이 끌어야 하고, 손수레는 사람이 끌어야 움직이기 때문입니다. 하지만 공중으로 날아가는 화살이나 좌우로 왔다 갔다 하는 진자는 어떻게 움직이는 걸까요?

갈릴레오

갈릴레오는 그 당시 사람이 당연하다고 생각한 것이 틀렸다는 것을 알게 되었습니다. 움직이는 물체는 밀거나 당기지 않더라도 주변에 방해하는 힘이 없다면 계속 움직일 수 있다고 생각한 것입니다. 땅과 공기가 방해하기 때문에 수레가 계속 움직이기 위해서는 말이 필요합니다. 땅이나 공기가 없는 우주라면 말이 없더라도 수레는 절대 멈추지 않습니다. 달이 지구 주위를 계속 도는 것처럼 말입니다.

갈릴레오는 진자의 운동도 연구했습니다. 그는 진자가 좌우를 오가는 시간(주기)은 오직 진자의 길이에 따라 결정된다는 사실을 발견했습니다. 이러한 '진자의 법칙' 덕분에 시계에 추를 달아 시간을 정확히 잴 수 있게 되었답니다.

한줄요약
힘이 가해질 때만 운동 상태가 변합니다.

소리의 속도 구하기

준비물 금속 너트, 50cm 길이의 튼튼한 줄

실험 방법
① 줄에 금속 너트를 묶습니다.
② 금속 너트를 묶은 부분에서 위로 40cm 지점의 줄을 잡고 좌우로 흔듭니다.
③ 끈을 잡은 손은 움직이지 않은 채 선을 더 짧게 잡고, 진자가 움직이는 속도가 빨라지는 것을 확인합니다.
④ 너트의 무게와 흔드는 각도를 다르게 해서 여러 번 실험해 봅니다.

→ 끈의 길이에 따라 진자가 좌우로 움직이는 속도가 달라지는 것을 알 수 있습니다.

땅과 공기처럼 물체를 느리게 하는 힘이 있을 때 물체를 계속 움직이게 하려면 물체를 밀거나 당겨야 한다.

수레를 계속 밀거나 끌지 않으면 수레는 멈춘다.

말이 끌면 수레는 계속 움직인다.

공기는 수레가 움직이는 것을 방해한다.

땅은 수레가 움직이는 것을 방해한다.

땅이나 공기가 없다면 수레는 밀거나 당기지 않아도 계속 움직인다.

한눈에 보는 지식
7 세포

생물학에서 매우 중요한 법칙 중 하나는 모든 생명체가 세포라고 불리는 작은 단위로 이루어져 있다는 것입니다. 단 하나의 세포로 이루어진 단순한 생명체도 있고, 수많은 세포로 이루어진 복잡한 생명체도 있습니다. 사람처럼 복잡한 생명체의 세포도 독립적으로 행동하기도 합니다. 대부분의 세포는 중심에 행동을 조절하는 세포핵을 가지고 있고, 각 세포는 영양분을 빨아들이고 노폐물을 밖으로 빼내는 일을 합니다.

우리의 몸은 다양한 종류의 세포로 이루어져 있으며 세포마다 하는 일이 정해져 있습니다. 근육 세포는 근육을 오므리고 피고 하면서 몸을 움직이게 합니다. 뼈세포는 강하고 단단하여 우리 몸의 뼈대를 이룹니다. 백혈구는 우리 몸을 돌아다니며 몸 밖에서 침입한 나쁜 세포들을 파괴합니다.

로버트 훅

세포는 크기가 아주 작아서 현미경이 발명된 이후에야 발견됐습니다. 세포를 처음으로 관찰한 사람은 로버트 훅입니다. 그는 코르크 조각에 있는 죽은 세포를 발견하고, 세포라고 이름 붙였습니다. 세포는 영어로 '셀(cell)'이라고 하는데, 작은 방이라는 뜻입니다. 로버트 훅이 세포의 모습이 수도사들이 사는 작은 방을 닮아서 붙인 이름이라고 합니다.

한줄요약
모든 생명체는 세포로 이루어져 있습니다.

세포 관찰하기
준비물 유리컵 2개, 소금, 당근 1개, 따뜻한 물

실험 방법
① 유리컵 2개에 따뜻한 물을 반쯤 채우고, 유리컵 1에는 소금을 몇 스푼 넣고 잘 젓습니다.
② 당근을 반으로 자른 다음, 자른 면을 아래로 하여 각각의 유리컵에 넣고, 하룻밤을 그대로 둡니다.
⋯ 유리컵 1에 있는 당근은 쪼그라들고, 유리컵 2에 있는 당근은 불룩하게 부풀어 오릅니다. 당근 세포들이 세포 안과 세포 밖의 소금 농도를 맞추려고 하기 때문입니다.

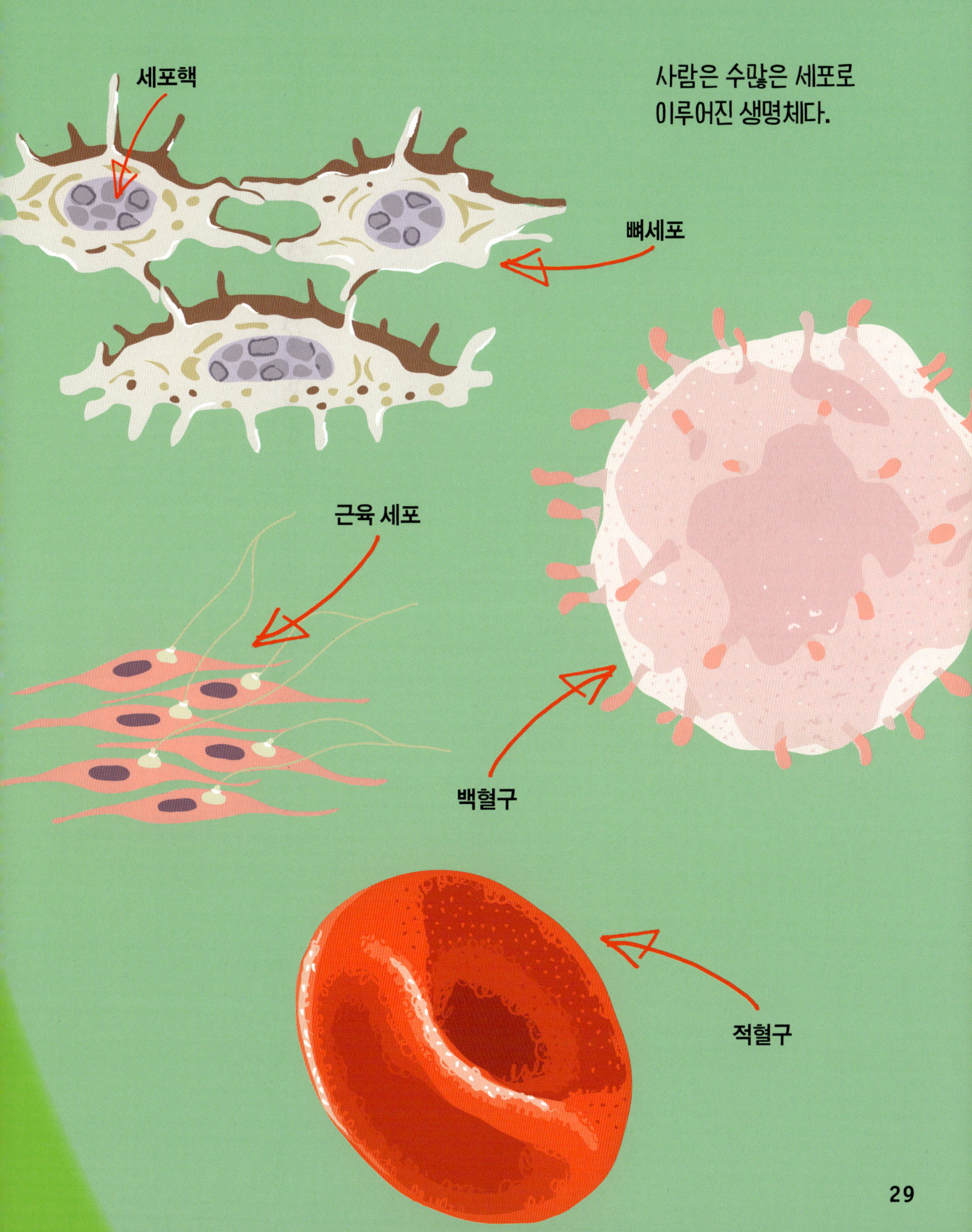

한눈에 보는 지식
8 중력

고대 그리스인들은 지구와 지구 밖의 우주가 서로 다른 물질로 이루어져 있으며 각각 다른 법칙이 있을 거라고 믿었습니다. 16세기에 갈릴레오를 비롯한 몇몇 과학자들은 이 생각에 의문을 품었습니다. 전 우주가 모두 같은 법칙을 따르고 있을 거라고 생각하기 시작했습니다.

아이작 뉴턴

아이작 뉴턴은 사과가 땅으로 떨어지는 것과 지구와 달이 늘 가까운 거리를 유지하는 것을 보고서 중력의 법칙을 생각해 냈습니다. 즉 우주의 천체들이 중력 때문에 서로를 끌어당기고, 지구 중심에서 끌어당기는 중력 때문에 물체가 땅으로 떨어진다는 것을 밝혀냈습니다.

뉴턴은 중력의 법칙을 수학 공식으로 만들었고, 이것으로 달, 혜성, 행성의 움직임을 예측했습니다. 오늘날 뉴턴이 만든 수학 공식은 태양계와 그 너머로 우주선을 보내는 데 사용되고 있습니다.

한줄요약
모든 물체는
서로 끌어당기고
있습니다.

무게 중심 찾기

지구처럼 공 모양인 물체는 그 중심부에 무게 중심이 있습니다. 사람은 팔다리의 위치에 따라 무게 중심이 달라집니다. 무게 중심에 대해 알아볼까요?

실험 방법

① 발뒤꿈치를 벽에 대고 벽에 바짝 붙어서 서 봅니다.
② 30cm 정도 앞에 동전을 떨어뜨립니다.
③ 발을 움직이거나 무릎을 굽히지 않고 동전을 주워 봅니다.
→ 혹시 넘어졌나요? 우리 발 위에 있던 무게 중심이 벽에서 멀어지면서 발과도 멀어졌기 때문입니다. 무게 중심이 무너지면 우리 몸도 넘어지고 만답니다.

이 그림 속에 있는 모든 물체는 중력의 영향을 받고 있다.
물고기와 아이스크림이 떨어지는 것은 중력 때문이다.

한눈에 보는 지식
9 빛

아이작 뉴턴은 매우 위대한 과학자입니다. 다른 과학자들도 뉴턴의 주장은 모두 옳다고 생각할 정도였습니다. 뉴턴은 빛이 보이지 않을 정도로 아주 작은 입자로 이루어져 있다고 주장했는데, 대부분의 과학자들도 이 주장이 맞다고 생각했습니다.

하지만 모든 과학자가 빛은 입자로 이루어져 있다고 생각한 것은 아니었습니다. 네덜란드의 과학자인 크리스티안 하위헌스는 빛은 파동으로 이루어졌다고 생각했습니다. 빛이 물결처럼 퍼지면서 이동한다는 것이지요. 그는 이를 기반으로 빛의 여러 가지 성질을 설명했습니다.

크리스티안 하위헌스

19세기 초까지 많은 과학자는 하위헌스의 생각이 옳다고 생각했습니다. 빛이 파동으로 만들어진다면 많은 것이 쉽게 이해되기 때문입니다. 그중에는 백색광이 여러 색깔로 이루어져 있다는 뉴턴의 발견도 포함되어 있습니다. 사람들은 파장의 길이에 따라 색이 다르게 나타난다고 생각했습니다.

오늘날 빛은 뉴턴이나 하위헌스가 생각했던 것보다 빛이 더 복잡하다는 것이 밝혀지고 있습니다. 빛은 파동처럼 움직일 때도 있고, 입자처럼 움직일 때도 있습니다. 지금의 과학자들은 빛이 파동도 입자도 아닌 광자로 이루어져 있다고 생각한답니다.

한줄요약
백색광은 여러 색의 빛이 섞여 있습니다.

무지개 만들기

준비물 분무기, 물

실험 방법
① 햇살이 좋은 화창한 날에 실험합니다.
② 태양을 등지고 서서 분무기로 물을 뿌리면, 무지개가 나타납니다.
⋯ 무지개는 햇빛이 물방울에 굴절되어 빛의 파장이 보이는 것입니다.

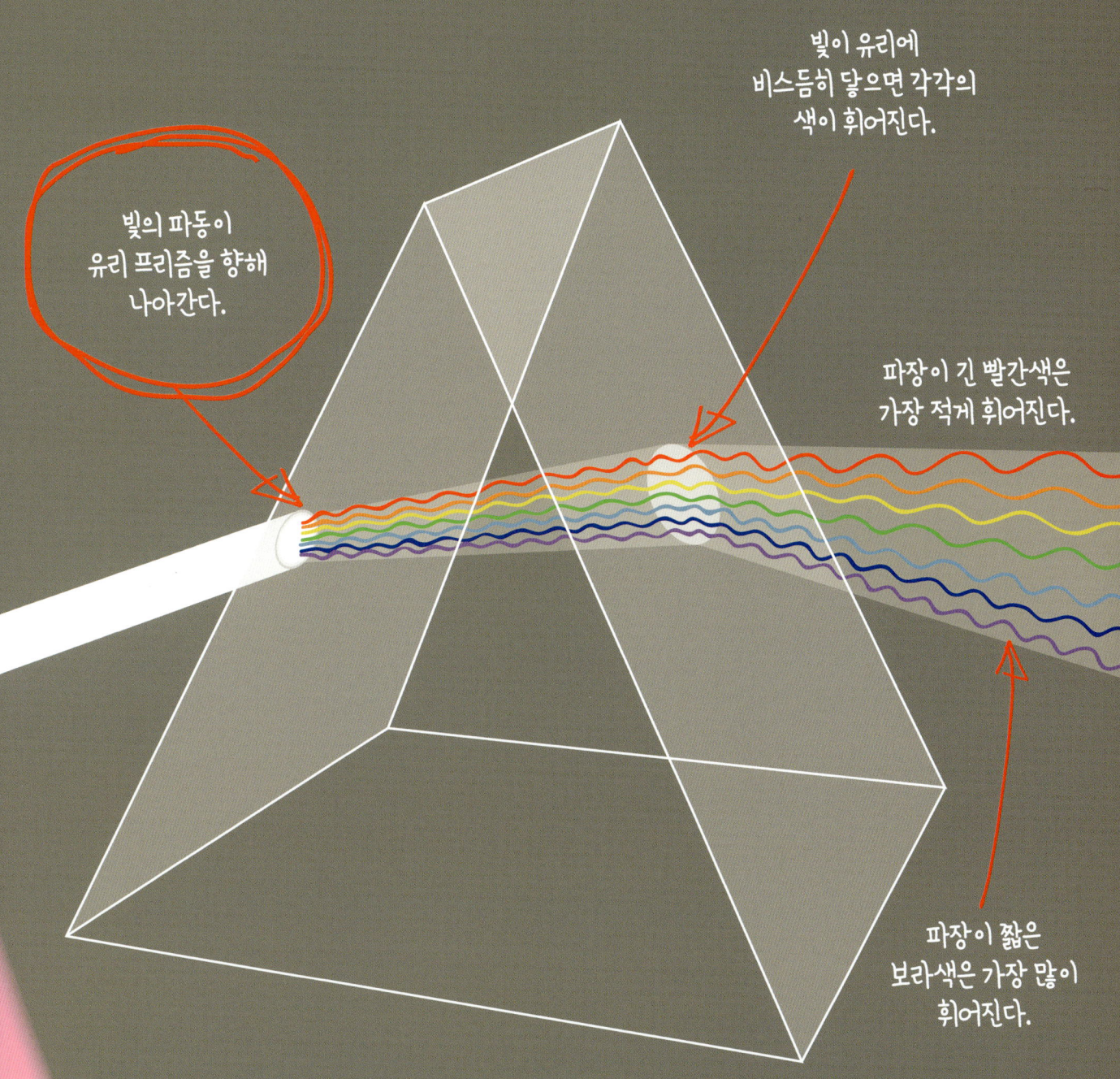

이성의 시대

18세기 유럽에서는 '이성' 즉, 논리적인 사고 능력을 이용하자는 생각이 널리 퍼졌습니다. 이로써 과학도 빠르게 발전할 수 있었습니다. 과학으로 세상을 깨우치려 했던 이 시기를 계몽주의 시대 또는 이성의 시대라고 부릅니다.

이성의 시대
읽기 전에 알아두기

산소 공기를 이루는 기체 중 하나. 우리가 숨을 쉬는 데 필요하다.

스펙트럼 무지개색으로 펼쳐진 빛. 별과 같이 빛을 내는 물체를 분석하는 데 사용된다.

압력 일정한 면적을 위에서 누르는 힘. 코르크판에 엄지손가락으로 세게 압력을 가하면 움푹 들어간다. 손가락 대신 압정을 코르크판에 대고 세게 누르면 압력이 집중되어서 꽂히게 된다.

양성자 원자핵을 구성하는 입자 중 하나.

에너지 일을 할 수 있게 만드는 것. 에너지의 종류는 운동, 빛, 소리, 열 등 아주 다양하다.

운동론 운동에 관한 이론.

육각형 6개의 변과 6개의 꼭짓점이 있는 도형.

원소 물질을 이루는 가장 작은 기본 단위. 금과 철은 모두 원소다.

원자 물질을 구성하는 기본 입자. 자신보다 훨씬 더 작은 입자들로 이루어져 있다. 우리 주변의 모든 것은 원자들이 서로 결합하여 만들어진다.

이산화탄소 공기를 이루는 기체 중 하나. 이산화탄소는 우리가 숨을 쉴 때 나오고 물질이 탈 때도 생겨난다.

입자 눈에 보이지 않을 정도로 작은 덩어리. 원자와 전자는 입자다.

자기장 물체를 잡아당기는 자석의

힘이 미치는 공간.

전자 아주 작은 입자. 원자의 구성 성분이다.

중성자 원자핵을 구성하는 입자 중 하나.

쿼크 양성자와 중성자를 구성하는 입자.

핵 세포나 원자 등의 중심부.

화학 반응 한 개 이상의 물질이 다른 물질로 바뀌는 과정.

한눈에 보는 지식
10 운동론

기체는 끊임없이 움직이며 서로 부딪히고 튕겨 나가는 작은 입자들로 이루어져 있습니다. 이것을 기체 분자 운동론이라고 하는데, 이 운동론은 수많은 과학 이론 중에서도 가장 성공적인 이론입니다.

예를 들어, 공기가 드나들지 못하도록 밀봉한 얇은 금속 상자를 데우면 시간이 얼마 지나지 않아 폭발합니다. 상자 안에 있는 기체가 뜨거워지면 기체의 움직임이 더 빨라지면서 상자의 벽을 점점 더 세게 때리다가 결국 터져 버리기 때문입니다.

다니엘 베르누이

이 이론으로 열 때문에 생기는 현상도 이해할 수 있습니다. 뜨거운 물의 분자는 차가운 물의 분자보다 더 빨리 움직입니다. 그래서 뜨거운 물에 손을 넣으면 분자들이 빨리 움직이면서 피부를 세게 때리는데, 우리는 이것을 뜨겁다고 느낍니다.

운동론을 발전시킨 과학자는 다니엘 베르누이입니다. 그의 이론으로 비행기가 나는 원리를 설명할 수 있답니다.

한줄요약
기체는 끊임없이 움직이는 작은 입자들로 이루어져 있습니다.

기압 실험

기압은 공기가 누르는 힘을 말합니다. 공기가 많으면 기압이 높고, 공기가 적으면 기압이 낮습니다.

준비물 30cm 길이의 끈 2줄, 탁구공 2개, 나무젓가락, 빨대 1개, 책 여러 권

실험 방법

① 각 탁구공에 테이프로 끈의 한쪽을 붙이고, 끈의 나머지 쪽은 나무젓가락에 1cm 간격으로 붙입니다.
② 책을 책상 위에 올려놓고 책과 책상 사이에 나무젓가락을 끼웁니다.
③ 빨대로 탁구공 사이에 바람을 불어서 탁구공이 서로 멀어지게 해 보세요.
⋯ 탁구공은 서로 멀어지지 않고 오히려 붙는 것을 알 수 있을 것입니다. 공기가 빨리 움직이면 기압이 낮아지기 때문입니다. 비행기의 날개도 같은 원리를 가지고 있답니다.

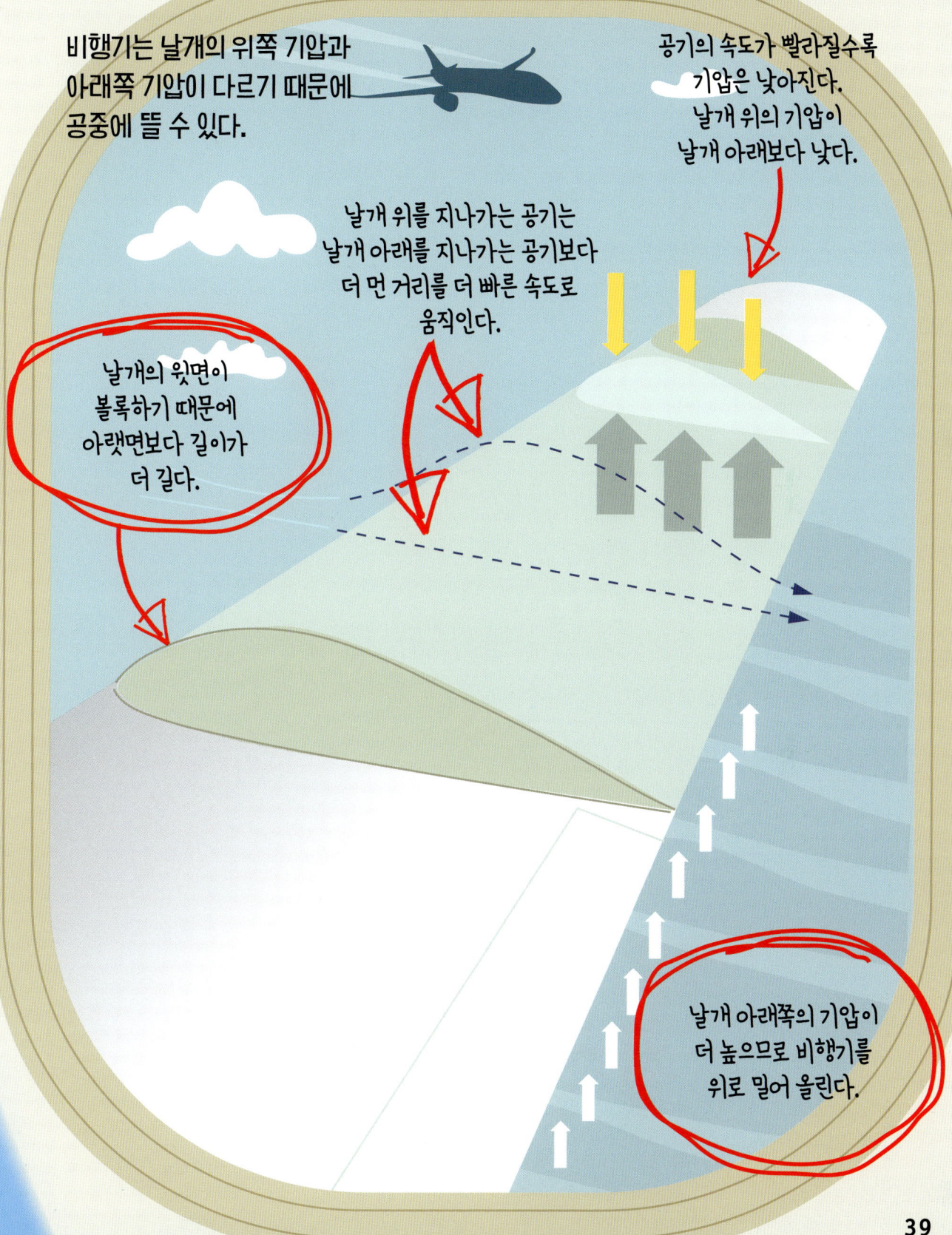

한눈에 보는 지식
11 빛의 파장

19세기 초까지 사람은 별들이 어떤 성분으로 이루어져 있는지 알아낼 수 있을 거라고 생각하지 않았습니다. 그러나 몇십 년이 지난 뒤에는 가능한 일이 되었습니다. 바로 분광기 덕분이었습니다.

토머스 멜빌

분광기는 빛을 여러 색으로 나누어서 무지개처럼 보이는 띠, 즉 스펙트럼으로 보여 줍니다. 별빛도 여러 색이 섞여 있는데, 분광기를 이용하면 빛의 색깔을 나누어 따로따로 펼쳐 보여 줍니다. 최초로 분광기를 만든 사람은 토머스 멜빌입니다.

별을 이루고 있는 원소들은 각기 다른 파장의 빛을 냅니다. 이 빛의 파장을 측정하면 별을 이루고 있는 성분을 알아낼 수 있습니다.

스펙트럼으로 별의 질량과 속도, 회전, 온도, 압력, 자기장 등을 알아내거나 지구의 물질을 연구하는 데도 사용되고 있습니다.

한줄요약
스펙트럼으로 별의 성분을 알아낼 수 있습니다.

분광기 만들기

준비물 넓고 투명한 유리그릇, 물, 손전등, 검은 종이, 흰 종이

실험 방법
① 검은 종이를 잘라 손전등 앞쪽을 둥그렇게 감싸서 고정합니다.
② 손전등 머리 부분의 검은 종이 중앙 부분에 칼로 긴 틈을 만듭니다.
③ 넓은 유리그릇에 물을 담습니다.
④ 손전등을 켜서 나오는 가느다란 불빛을 물 표면에 비춥니다.
⑤ 물그릇 앞 바닥에 흰 종이를 놓으면 무지개와 비슷한 빛의 스펙트럼을 볼 수 있습니다.

한눈에 보는 지식
12 화학 반응

지금 우리 몸 안에서는 에너지를 만들기 위해 음식물 속에 있는 영양소들이 당을 비롯한 여러 화학 물질로 바뀌고 있습니다. 이때 우리 몸 안에서는 이산화탄소가 생기는데, 우리는 숨을 내쉬면서 이산화탄소를 몸 밖으로 내보냅니다. 우리가 숨을 들이마실 때는 산소가 몸 안에 들어오는데, 산소는 영양소로부터 더 많은 에너지를 만들어 냅니다.

앙투안 라부아지에

나무나 석탄이 탈 때도 비슷한 일이 일어납니다. 산소는 나무나 석탄의 탄소를 만나면 이산화탄소를 만듭니다. 음식물을 소화할 때, 나무가 탈 때도 모두 열이 발생합니다. 산소와 이산화탄소의 이런 특성을 발견한 과학자는 앙투안 라부아지에입니다.

우리 주변에서는 항상 화학 변화가 일어나고 있습니다. 사람들은 화학 반응을 이용하여 플라스틱, 휘발유, 샴푸 등의 많은 화학 제품을 만들었습니다. 화학 변화는 열을 내보내거나 빨아들이기도 하는데, 이 특성이 화학 제품보다 더 쓸모가 있기도 합니다.

한줄요약
화학 반응이란 한 개 이상의 화학 물질이 다른 물질로 바뀌는 과정입니다.

화학 폭발 실험

준비물 베이킹파우더 3스푼, 키친타월, 따뜻하게 데운 식초, 비닐 지퍼 백, 도와줄 어른

주의 사항
① 액체가 눈에 들어가지 않도록 합니다. 몸에 해롭지는 않으나 무척 따갑습니다.
② 집 밖에서 실험하도록 합니다.

실험 방법
① 베이킹파우더 3스푼을 키친타월 위에 붓습니다.
② 식초를 지퍼 백에 붓고, 베이킹파우더를 부은 키친타월을 넣습니다.
③ 지퍼 백을 빨리 닫고 멀리 피하세요.
→ 몇 초 뒤에 지퍼 백이 터질 것입니다. 식초 속의 화학 물질이 베이킹파우더와 결합하여 물, 아세트산나트륨 그리고 이산화탄소를 만드는데, 바로 이산화탄소가 지퍼 백을 터뜨립니다.

프로판은 열기구를 띄우는 데 사용하는 연료다.

프로판에 불을 붙이면 화학 반응이 일어나는데, 공기 중에서 산소를 얻어 더 많은 열을 내뿜는다.

프로판은 탄소와 수소로 이루어져 있는데, 탄소와 수소는 산소를 만나면 이산화탄소와 물로 바뀌고 열과 빛을 내뿜는다.

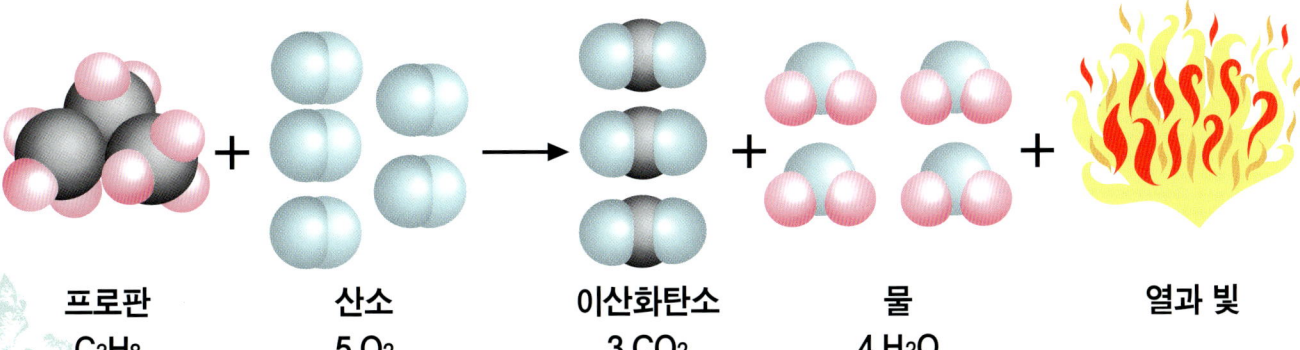

프로판	산소	이산화탄소	물	열과 빛
C_3H_8	$5\,O_2$	$3\,CO_2$	$4\,H_2O$	

화학 반응식은 위와 같습니다.

한눈에 보는 지식
13 원자

우리 몸과 우리 주변에 보이는 모든 것은 원자로 이루어져 있습니다. 하지만 원자는 너무 작아서 눈에 보이지는 않습니다. 이 문장 끝에 찍힌 마침표는 원자보다 약 천만 배나 크답니다.

물질이 원자로 이루어졌다고 처음으로 믿은 사람은 2,500년 전에 그리스에 살았던 레우키포스와 데모크리토스입니다. 그리고 시간이 흐르고 흘러 겨우 200년 전에야 화학자 존 돌턴이 원자가 있다는 증거를 발견했습니다.

돌턴은 여러 화학 물질 간의 반응을 관찰했는데, 화학 물질을 이루는 각각의 원소는 한 종류의 원자로 이루어져 있다고 보았습니다.

존 돌턴

돌턴은 원자가 단단하고 더 이상 쪼개어지지 않는 알갱이라고 생각했습니다. 사실, 원자 안에는 원자핵이라고 불리는 작고 단단한 중심부가 있고, 그 주위는 전자라고 불리는 매우 가벼운 입자가 층을 이루고 있습니다. 원자핵은 중성자와 양성자라는 두 종류의 입자로 이루어져 있고요. 그리고 이들은 또 다시 쿼크라고 불리는 더 작은 입자로 이루어져 있답니다. 아직까지 쿼크는 더 이상 작은 것으로 쪼개질 수 없다고 알려져 있습니다.

한줄요약
모든 물질은 원자로 이루어져 있습니다.

돌턴의 원자설 이해하기
탄소와 산소로 두 종류의 기체를 만들 수 있습니다. 하나는 독성 물질인 일산화탄소이고, 다른 하나는 몸에 해롭지 않은 이산화탄소입니다. 이산화탄소를 만들려면 일산화탄소보다 정확히 산소가 2배 더 필요합니다. 돌턴은 이를 통해 이산화탄소의 기체 분자가 산소 원자 2개(그리고 탄소 원자 1개)를 가지는 반면, 독이 있는 기체의 분자는 산소 원자 1개와 탄소 원자 1개를 가진다는 것을 알게 됐습니다. 이러한 원소들의 결합 방식을 통해, 원소는 원자로 이루어져 있다는 사실을 알 수 있답니다.

모든 물질은 원자로 이루어져 있다.
오늘날에는 원자를 이루고 있는
성분도 밝혀졌다.

모든 물질은 더 작은
단위들로 나눌 수 있어.

가장 작은 단위인
원자를 빼고
말이야.

원자라는 개념을 처음으로 생각한 사람은
고대 그리스 사람들이었다.
그 뒤 수천 년이 흐른 뒤에 화학자 돌턴이
이 생각을 발전시켰다.

돌턴은 탄소 같은
원소의 원자들이 모두 같다는
것을 발견했다.

돌턴은 원자가 더 이상
쪼갤 수 없는 알갱이라고
생각했다.

오늘날에는 원자가 중성자와
양성자로 이루어진 핵을
가지고 있고, 그 주위에는 전자가
있다고 밝혀졌다.

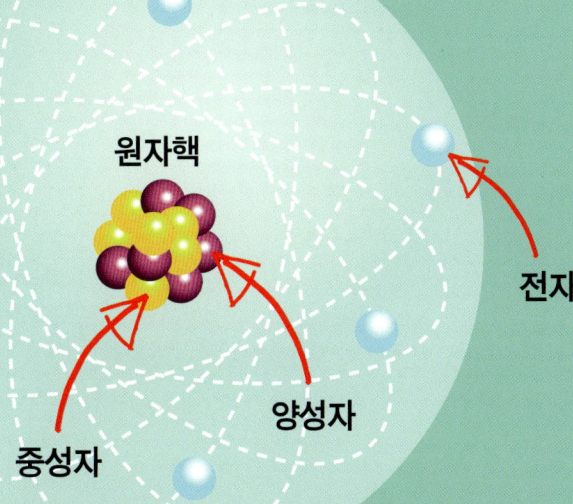

원자 원자핵 전자
중성자 양성자

45

산업화 시대

18세기 후반부터 증기의 힘을 사용한 새로운 발명품이 많이 만들어졌고, 과학 기술도 크게 발전했습니다. 대량 생산을 할 수 있는 산업이 시작된 것입니다. 사람은 과학이 세상을 이해할 수 있도록 도와줄 뿐만 아니라 훨씬 더 좋은 기계를 만들 수 있게 해 주고, 이로 인해 돈도 많이 벌 수 있다는 사실을 알게 됐습니다.

산업화 시대
읽기 전에 알아두기

균류 스스로 양분을 만들지 못해 다른 생물에 기생하여 살아가는 생물. 버섯도 균류의 한 종류다.

나침반 여행을 하는 사람이 방향을 찾기 위해 사용하는 기구. 자기 나침반에는 빙글빙글 돌아가는 길고 얇은 자석이 들어 있다. 이 자석의 양 끝은 항상 북극과 남극을 가리킨다.

바이러스 단순한 생명체처럼 행동하는 아주 작고 복잡한 화학 물질의 한 종류. 홍역, 독감, 헤르페스 등이 바이러스 때문에 생긴다.

발전기 기계를 움직여 전기를 얻는 장치. 주로 물, 바람, 증기의 힘으로 발전기의 바퀴 장치(회전자)를 돌려 기계를 움직인다.

미생물 질병을 일으키는 세균, 바이러스 또는 곰팡이.

세균(박테리아) 하나의 세포로 이루어진 아주 작은 생물. 어떤 세균은 식중독, 파상풍, 백일해와 같은 질병을 일으킨다.

에너지 일을 할 수 있게 만드는 것. 에너지의 종류는 운동, 빛, 소리, 열 등 아주 다양하다.

원소 물질을 이루는 가장 작은 기본 단위. 금과 철은 모두 원소이다.

원자 물질을 구성하는 기본 입자. 자신보다 훨씬 더 작은 입자들로 이루어져 있다. 우리 주변의 모든 물질은 원자들이 서로 결합하여 만들어졌다.

원자 번호 원자핵 안에 있는 양성자 수.

유전자 단백질을 구성하는 아미노산의 연결 순서. 생명체가 구성되는 정보를 담고 있다. 각각의 유전자는 디엔에이(DNA)의 조각이다.

전동기 자석의 힘을 이용하여 코일을 회전시키는 장치. 보통 바퀴를 굴리는 데 사용된다. 일반적으로 모터를 말한다.

전자석 금속 막대를 강한 자석으로 만들기 위해 원형의 철심 주위를 코일로 둘러서 전기가 흐르도록 한 장치. 전기가 멈추면 자석의 성질도 사라진다.

전자 아주 작은 입자. 원자의 구성 성분이다.

진화 생물이 환경에 적응하여 몸의 구조와 생김새가 변화하는 과정. 일반적으로 진화는 매우 느리게 일어나며, 오랜 세대가 지나야 눈에 띄는 변화가 나타난다.

질량 어떤 물체 안에 있는 물질의 양. 질량이 클수록 무겁다.

형질 눈 색깔, 왼손잡이, 주근깨 등 부모에서 자녀에게로 전달되는 성질.

한눈에 보는 지식
14 전자기

19세기 초, 과학자들은 전기가 자기 나침반의 바늘을 움직인다는 사실을 발견했습니다. 1831년, 마이클 패러데이는 전기를 이용하여 전류가 흐를 때만 자석이 되는 전자석을 만들었습니다.

패러데이는 세계에서 처음으로 전동기(전기와 자기를 이용하여 동력을 만드는 기계)와 발전기(기계를 움직여 전기를 일으키는 장치)도 만들었습니다.

마이클 패러데이

오늘날 우리가 쓰는 대부분의 기계는 패러데이의 발명에 도움을 받고 있습니다. 전동기는 대부분의 운송 수단, 드릴과 여러 전동 공구, 움직이는 장난감 등에 쓰고 있습니다.

우리가 쓰는 전기는 대부분 발전기에서 만들어집니다. 발전기는 풍력 터빈과 발전소를 가동하고, 자전거 전등을 밝히는 데도 필요합니다. 고철 처리장, 의료용 판독 장치, 그리고 원자를 연구하기 위한 입자 가속기 등에는 아주 강한 힘을 가진 전자석을 쓰고 있습니다.

한줄요약
패러데이는 전기와 자기의 힘으로 기계를 움직이게 하는 장치를 발명했습니다.

전자석 만들기

준비물 가느다란 피복 전선, 크고 긴 나사, 4.5볼트 건전지, 도와 줄 어른 1명

실험 방법
① 나사에 전선을 50바퀴 이상 감습니다.
② 전선의 양 끝은 30cm 정도 남겨 둡니다.
③ 어른의 도움을 받아 전선의 양 끝을 2cm 정도 벗깁니다.
④ 전선의 양 끝을 건전지의 두 전극에 연결합니다.
⑤ 전자석이 된 나사가 클립 같은 쇠로 된 물건을 끌어당기는지 시험해 보세요.

한눈에 보는 지식
15 에너지

에너지란 일을 할 수 있는 능력을 말합니다. 에너지는 운동, 빛, 전기, 자기, 소리, 열 등 다양한 종류가 있습니다. 지금 우리 주변에는 어떤 에너지가 사용되고 있을까요?

19세기에 과학자들은 다양한 종류의 에너지가 있으며, 에너지는 다른 종류의 에너지로도 바뀔 수 있다는 사실을 알게 됐습니다. 과학자들은 어떤 종류의 에너지가 없어지는 것처럼 보여도 실제로는 사라지지 않았다는 것을 깨달았습니다. 단지 다른 종류의 에너지로 바뀌는 것뿐이라는 것을요. 이 생각은 매우 쓸모가 많았습니다.

19세기 동안 옷이나 여러 물건을 대량으로 만드는 기계가 만들어졌고, 증기기관은 엄청나게 많은 양의 상품을 실어 날랐습니다. 이때 기계와 엔진은 에너지의 종류를 바꾸는 일을 합니다. 예를 들어, 증기기관 안에서는 석탄의 화학 에너지가 기차를 움직이는 운동 에너지로 바뀝니다. 새로운 에너지 과학 덕분에 발명가들은 석탄을 태울 때마다 최대한 큰 운동 에너지를 얻어 기계를 돌릴 수 있었답니다.

한줄요약
에너지는 모든 것을 움직이게 만듭니다.

에너지는 어떻게 바뀔까?
건조한 겨울에 스웨터를 벗으면 피부가 따끔하고 타닥거리는 소리가 납니다. 왜 그럴까요?
바로 에너지의 종류가 바뀌기 때문입니다. 스웨터를 벗으려고 팔을 움직이면 근육은 혈액이 가진 화학 에너지를 운동 에너지로 바꿉니다. 운동 에너지는 스웨터를 벗으면서 전기 에너지를 만들고, 이 전기 에너지가 빛과 소리 에너지로 바뀝니다.

에너지는 종류가 다양하고
다른 종류의 에너지로 바뀔 수 있다.

원자핵의 에너지는
태양을 빛나게 한다.

태양 에너지가
전기 에너지로 바뀐다.

빛 에너지

운동 에너지

열에너지

화학 에너지

한눈에 보는 지식
16 진화

19세기에 크리스트교를 믿는 사람들은 신이 수천 년 전에 인간을 비롯해 지구에 있는 모든 동물과 식물을 창조했으며 그 이후로 생김새도 전혀 바뀌지 않았다고 생각했습니다. 하지만 1859년에 찰스 다윈은 생명체가 훨씬 더 오래전부터 지구에서 살았다는 것을 밝혀냈습니다. 그리고 고대 동식물의 생김새는 지금과 완전히 다르다는 것을 알게 됐습니다.

찰스 다윈

다윈의 발견을 진화라고 부르는데, 다음 두 가지 사실을 기반으로 합니다.
1. 생명체는 먹을 것이 부족해질 때까지 개체 수가 계속 증가합니다. 결국 먹이가 부족해지면 굶주리거나 남아 있는 먹이를 두고 싸움이 벌어집니다.
2. 모든 생명체는 자신의 부모, 형제자매와 조금씩 다르게 생겼습니다.

만약 어떤 동물이 자신의 형제자매보다 더 날카로운 이빨을 가지고 태어났다고 생각해 봅시다. 이 동물은 먹이를 두고 형제자매와 싸울 때 유리하기 때문에 결국 살아남아 새끼를 낳을 기회도 더 많아집니다. 그리고 자손 또한 부모의 날카로운 이빨을 물려받아 후대에 계속 살아남을 수 있게 될 것입니다. 이렇게 여러 세대를 거치며 생물의 몸은 진화를 합니다.

한줄요약
지구에 사는 모든 생명체는 수백만 년 동안 진화해 왔습니다.

위장술

동물들은 천적에게 들키지 않기 위해 자신의 몸을 숨기는 위장술을 발달시켰습니다. 친구와 함께 위장한 '먹잇감'을 찾아볼까요?

준비물 과자가 담긴 종이봉투 3개, 색연필, 도와줄 친구

실험 방법
① 집안의 거실을 반으로 나누고, 친구와 나의 영역을 정합니다.
② 종이봉투를 숨길 장소를 찾은 다음, 주변과 비슷한 색으로 종이봉투를 색칠(위장)하고 숨깁니다.
③ 위장한 종이봉투를 찾습니다.
⋯ 먼저 찾은 사람이 승리!

지구에서 오랫동안 살았던 동물과 식물은 특별한 장점을 지니고 있다.

인간 — 도구를 만들고 사용하는 큰 두뇌와 재주 많은 손

침팬지 — 지능이 발달한 큰 두뇌

딱정벌레 — 단단한 딱지날개

시조새 — 하늘을 날 수 있는 깃털

말 — 잘 달릴 수 있는 길고 강한 다리

활엽수 — 햇빛을 모으기 좋은 넓은 잎사귀

바닷가재 — 강력한 집게발

게 — 튼튼한 껍데기

침엽수 — 수분을 보호할 수 있는 바늘 모양의 잎사귀

야자나무 — 쉽게 딸 수 없는 높은 곳에서 자라는 잎사귀와 열매

알로사우루스 — 먹잇감을 잡을 수 있는 큰 이빨

삼엽충 — 마디 나뉜 몸

개구리 — 땅 위와 물속에서 모두 호흡할 수 있는 능력

양치식물 — 햇빛을 모으기 좋게 넓게 퍼진 모양

이끼 — 바람을 이용한 포자 번식

단세포 유기체 — 모든 생명체의 기원

한눈에 보는 지식
17 병원균

오늘날 사람들은 몸이 아프면 당연히 의사가 치료해 줄 것이라고 생각합니다. 하지만 겨우 몇 세기 전만 해도 '의학'은 환자의 병을 더 나빠지게 만들기도 했습니다. 병이 나으려면 병의 원인을 알아야 하는데, 그 당시 사람들은 알 방법이 없었으니까요.

19세기 중반, 루이 파스퇴르가 질병을 일으키는 원인이 되는 병원균을 찾았습니다. 그는 질병마다 원인이 되는 병원균이 다르다는 사실도 밝혀냈습니다. 이로써 병원균을 죽이면 질병을 치료할 수 있게 된 것입니다.

또한 파스퇴르는 병원균이 음식물을 상하게 만들고, 열을 가하면 병원균이 죽는다는 사실도 증명했습니다. 이 실험 결과는 쓸모가 많았습니다. 예를 들어, 우유를 데우면 안전하게 마실 수 있다는 것을 알게 된 것입니다.

지금은 몇몇 '병원균'은 세균이라고 불리는 아주 작은 생물이고, 어떤 것은 곰팡이(버섯과 비슷한 종류), 어떤 것은 바이러스(생물처럼 행동하는 복잡한 화학 물질)라는 것이 밝혀졌습니다.

루이 파스퇴르

한줄요약
병원균은 질병을 일으킵니다.

병원균 키우기

준비물 감자, 칼, 포크, 비닐 지퍼 백 3장, 도와줄 어른

실험 방법
① 손을 깨끗하게 씻고, 감자 3조각을 같은 두께로 썰어 놓습니다.
② 깨끗한 포크로 첫 번째 감자 조각을 찍어서 지퍼 백에 담고, 지퍼 백에 '대조군'이라고 씁니다.
③ 두 번째 감자 조각에 침을 뱉은 다음 지퍼 백에 담고 '침'이라고 씁니다.
④ 세 번째 감자 조각을 흙 위에 문질러서 지퍼 백에 담고, '흙'이라고 씁니다.
⑤ 지퍼 백들을 어두운 선반 위에 놓아 두고, 일주일 뒤에 이것들을 관찰합니다.

⤷ 병원균이 가장 많은 조각이 가장 많이 변했을 것입니다. 가장 깨끗한 '대조군' 감자 조각은 가장 조금 변했을 것입니다.

파스퇴르는 질병을 일으키고
음식을 상하게 하는 병원균을 발견했다.

어떤 병원균은
병을 일으킨다.

병원균은 어느 곳이나
있지만 사람들은 그것을
볼 수 없다.

어떤 병원균은
음식을 상하게
만든다.

저온 살균으로 병원균을
죽일 수 있다.

우유를 데워서
병원균을 죽인다.

우유를 차갑게 식힌다.

우유를 안전하게 마실 수
있다.

한눈에 보는 지식
18 유전학

사람은 당연히 자식이 부모를 닮는다고 생각합니다. 하지만 왜 일까요? 왜 자식은 엄마와 아빠 가운데 한쪽을 더 닮을까요? 왜 형제자매들은 똑같이 생기지 않았을까요?

오늘날 사람은 우리 세포 깊숙한 곳에 정답이 숨어 있다는 것을 알고 있습니다. 우리의 몸이 어떻게 생겼고 어떻게 일을 하는지에 대한 '설계도'는 유전자 속에 보관되어 있습니다. 유전자는 유전되는 특징을 담고 있는 화학 물질의 서열을 말하는데, 아기의 유전자에는 양쪽 부모로부터 물려받은 유전자가 섞여 있습니다. 아기는 각 부모로부터 형질(생명체가 가지고 있는 모양이나 속성)을 절반씩 물려받습니다.

그레고어 멘델

유전자가 발견되기 훨씬 전인 19세기에 그레고어 멘델은 유전에 관한 중요한 법칙을 발견했습니다. 멘델은 서로 다른 완두콩 종자들을 수없이 교배하면서 유전이 어떤 방식으로 일어나는지 관찰했습니다. 이를 통해 특정 형질이 유전될 가능성을 보여 주는 유전 법칙을 만들고, 이를 수학적으로 계산했습니다. 하지만 안타깝게도 멘델의 연구는 그가 살아있는 동안 인정받지 못했답니다.

형질 게임

준비물 종이 여러 장, 연필

실험 방법

① 여섯 개의 작은 칸이 있는 점수표를 여러 장 만듭니다.

② 작은 종이에 아래 형질들을 하나씩 적어서 가방에 넣습니다.
  - 혀가 아래로 말려진다
  - 주근깨
  - 알레르기 비염
  - 곱슬머리
  - 보조개
  - 왼손잡이
  - 음식 알레르기

③ 가족이나 친구들에게 점수표와 펜을 주고 함께 게임을 해 보세요.

④ 가방에서 종이를 하나씩 꺼내어 소리내어 읽으면 해당하는 사람은 점수표에 V 표시를 합니다.

➥ V 표시가 가장 많은 한 사람이 게임에서 승리!

형질 점수 카드
1
2
3
4
5
6

한줄요약
유전학은 형질이 어떻게 전달되는지를 연구하는 학문입니다.

대부분의 동물과 식물 가운데
약 $\frac{1}{4}$이 특별한 형질(예를 들어 파란색 눈)을 가지고 있다.
나머지 $\frac{3}{4}$은 이러한 형질을 가지지 못한다.
그 이유는 다음과 같다.

사람마다 눈동자 색깔을 결정하는 한 쌍의 유전자를 가지는데, 각 유전자는 두 가지 형태를 가지고 있다. 만약 두 유전자가 모두 B거나, 하나는 B이고 다른 하나가 b라면 갈색 눈동자가 된다.

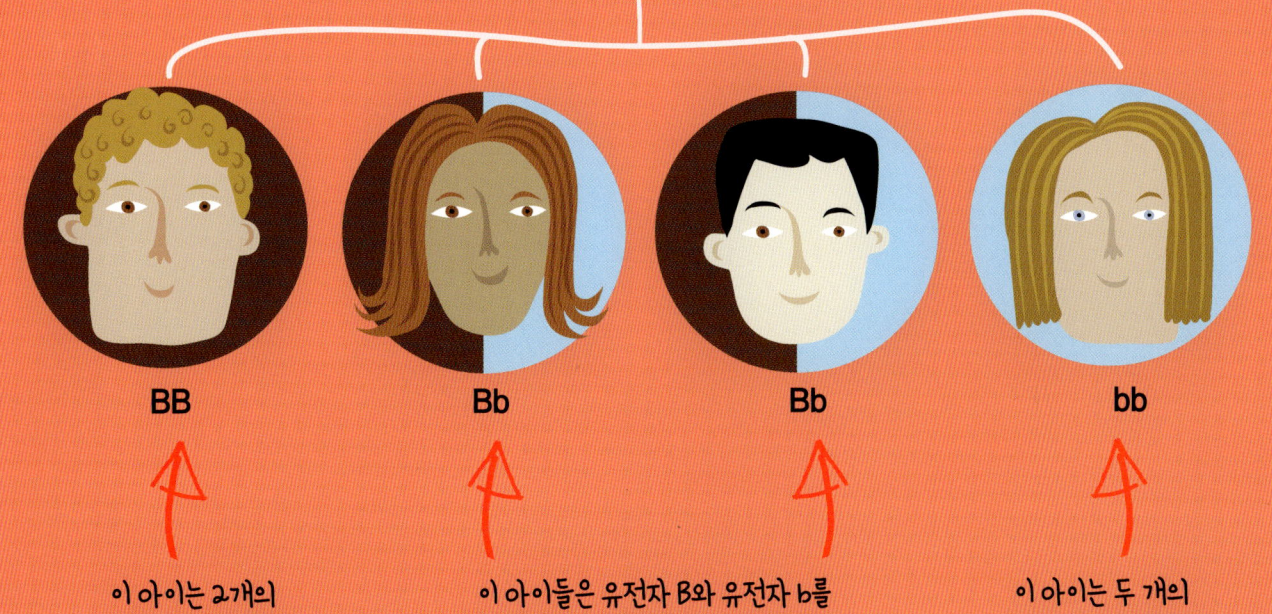

이 아이는 2개의 유전자 B를 물려받아 갈색 눈동자가 됐다.

이 아이들은 유전자 B와 유전자 b를 물려받았다. 유전자 B가 유전자 b보다 더 잘 드러나는 특성을 가지므로, 이들은 갈색 눈동자가 됐다.

이 아이는 두 개의 유전자 b를 물려받아 파란 눈동자가 됐다.

한눈에 보는 지식
19 주기율표

1860년대에는 50개가 넘는 원소가 발견됐습니다. 원자 무게도 실제 무게에 가깝게 잴 수 있게 됐지요. 화학자들은 원자 무게에 따라 원소를 배열하면, 비슷한 성질을 가진 원소들의 간격이 일정하다는 사실을 발견했습니다. 하지만 확실한 규칙을 찾아내지는 못했습니다.

원소들 사이의 규칙성을 처음으로 밝혀낸 사람은 드미트리 멘델레예프입니다. 그는 원소들 사이의 규칙성을 보고, 그때까지 발견되지 않은 원소가 더 있을 것이라고 예측했습니다.

드미트리 멘델레예프

멘델레예프는 비슷한 성질을 가진 원소들을 한데 모으고 원소들을 규칙성에 따라 일정한 간격을 두고 배열했습니다. 그 결과가 바로 오늘날 화학자들에게 없어서 안 될 주기율표입니다.

주기율표에서 같은 세로줄(족)에 있는 원소들은 모두 비슷한 성질을 가지며, 위에서 아래로 내려갈수록 그 성질이 점차 변합니다. 1족의 원소들은 모두 물과 반응하며, 위쪽 원소에서 아래쪽 원소로 갈수록 화학 반응이 잘 일어납니다. 8족 원소들은 화학 반응이 잘 일어나지 않습니다.

한줄요약
원소들 사이에는 일정한 규칙성이 있습니다.

독특한 원소 8개
괄호 안의 숫자는 주기율표에서 원소의 위치를 나타냅니다.
수소(1): 온 우주와 우리 몸에서 가장 흔한 원소.
헬륨(2): 이 기체를 마시면 목소리가 우스꽝스럽게 변합니다.
탄소(6): 가장 많은 화합물을 만드는 원소.
철(26): 지구를 이루는 가장 많은 성분.
갈륨(31): 손에 쥐면 녹는 금속.
비소(33): 치명적인 독극물.
수은(80): 실온에서 액체로 존재하는 금속.
코페르니슘(112): 합성한 지 몇 분 만에 사라지는 인공 원소.

주기율표

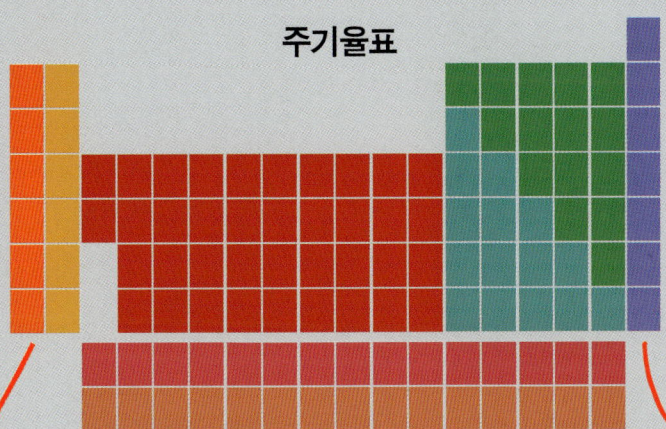

주기율표에서는 비슷한 성질을 가진 원소가 같은 세로줄(족)에 배열된다.

마지막 세로줄(족)은 다른 원소와 쉽게 반응이 일어나지 않는 비활성 기체를 포함한다. 이 원소들은 모두 냄새나 색깔이 없으며 매우 안정적이다.

이 세로줄(족)은 알칼리 금속을 포함한다. 이 원소들은 화학 반응이 빨리 일어난다.

| 리튬 |
| 나트륨 |
| 칼륨 |
| 루비듐 |
| 세슘 |
| 프랑슘 |

풍선에 헬륨을 넣으면 위로 떠오른다.

나트륨은 공기와 만나면 하얗게 변하고, 물에 넣으면 거품을 낸다.

세슘은 공기와 만나면 불꽃을 튀기며, 물에 넣으면 폭발한다.

아르곤은 백열등에 쓰인다.

제논은 등대 불빛에 쓰인다.

| 헬륨 |
| 네온 |
| 아르곤 |
| 크립톤 |
| 제논 |
| 라돈 |
| 오가네손 |

현대 과학

19세기 말, 과학자들은 자신들이 우주를 이해하고 있다고 생각했지만, 여전히 과학으로 설명되지 않은 것도 남아 있었습니다.

한편, 과학 교육이 점점 발전하면서 과학자가 많아졌습니다. 이들은 가장 기본적인 과학 개념 가운데 틀린 것들을 찾아내기 시작했습니다. 새로운 발견의 시대가 열린 것입니다.

현대 과학
읽기 전에 알아두기

분광기 태양이나 별, 뜨거운 기체처럼 반짝이는 물체에서 나오는 빛을 파장에 따라 분산시켜 이를 관찰하는 장치.

상대성 이론 시간, 공간, 중력의 관계를 설명하는 이론.

아미노산 단백질을 이루고 있는 기본적인 화학 물질.

양성자 원자핵을 이루고 있는 입자 중 하나.

양자 아주 작은 에너지 입자. 광자는 빛의 양자이다.

우주 이 세상에 존재하는 모든 것.

원자 물질을 이루고 있는 기본 입자. 자신보다 훨씬 더 작은 입자들로 이루어져 있다. 우리 주변의 모든 것은 원자들이 서로 결합하여 만들어졌다.

원자핵 원자의 중심부.

에너지 일을 할 수 있게 만드는 것. 에너지의 종류는 운동, 빛, 소리, 열 등 다양하다.

전자 아주 작은 입자. 원자의 구성 성분이다.

중력 우리를 땅에 붙어 있게 하고, 물체를 아래로 떨어지게 하며, 달이 지구 주위를 돌게 하고, 지구가 태양 주위를 돌게 하는 힘.

중성자 원자핵을 이루는 입자 중 하나.

진화 생물이 환경에 적응하여 몸의 구조와 생김새가 변화하는 과정. 일반적으로 진화는 매우 느리게 일어나며, 여러 세대가 지나야 눈에 띄는 변화가 나타난다.

핵 세포나 원자 등의 중심부.

핵분열 큰 원자의 핵이 쪼개어지면서 엄청난 에너지를 방출하는 과정. 원자력 발전소는 핵분열을 이용하여 전기를 만든다. 강력한 폭탄을 만드는 데 사용되기도 한다.

핵융합 작은 원자들의 핵이 서로 결합하면서 엄청난 에너지를 방출하는 과정. 태양과 항성은 핵융합 과정을 통해 빛과 열을 내며, 강력한 폭탄을 만드는 데 사용되기도 한다.

화석 수백만 년 전에 살았던 동물이나 식물의 뼈나 흔적.

한눈에 보는 지식
20 양자

19세기 말까지만 해도 사람들은 원자 같은 아주 작은 물질들이 우리 주변의 물건들과 닮았을 거라고 믿었습니다. 예를 들어, 원자는 아주 작고 딱딱한 공 모양이라고 생각했습니다.

하지만 모두가 믿었던 이 생각은 완전히 틀린 것이었습니다. 실제로 아주 작은 세계는 우리가 살고 있는 세계와 아주 다릅니다. 20세기가 되자 물리학자들은 이 세계가 얼마나 이상한지 발견하기 시작했습니다.

그들은 물질이 원자라는 작은 입자로 이루어진 것처럼, 빛과 같은 에너지 또한 양자라고 불리는 아주 작은 입자로 이루어져 있다는 사실을 발견했습니다.

원자 속에는 전자가 있습니다. 때때로 전자는 빛의 형태로 에너지를 내보냅니다. 하지만 전자는 한 번에 하나의 에너지 양자만을 잃기 때문에 빛의 밝기와 색깔은 변하지 않고 항상 같습니다.

한줄요약
에너지는 양자라고 불리는 아주 작은 입자로 이루어져 있습니다.

점으로 그림 그리기

양자는 사람이 알아차릴 수 없을 정도로 아주 작습니다. 마치 점으로 그린 그림이 멀리서 보면 보통 그림처럼 보이는 것과 비슷합니다.

준비물 빨간색, 노란색, 파란색, 검은색 사인펜

실험 방법
① 하얀 종이에 파란 하늘과 흰 구름, 회색 구름, 검은 구름을 점으로만 그려 보세요.
② 그 아래에 귤이나 레몬이 열린 나무도 점으로만 그려 보세요.
③ 멀리 떨어져서 그림 속 색깔이 어떻게 보이는지 관찰해 보세요.

팁 노란색과 빨간색 점을 함께 찍으면 멀리서 볼 때 주황색으로 보입니다. 또 파란색과 노란색을 함께 찍으면 초록색으로, 검은색을 간격을 두고 찍으면 회색으로 보인답니다.

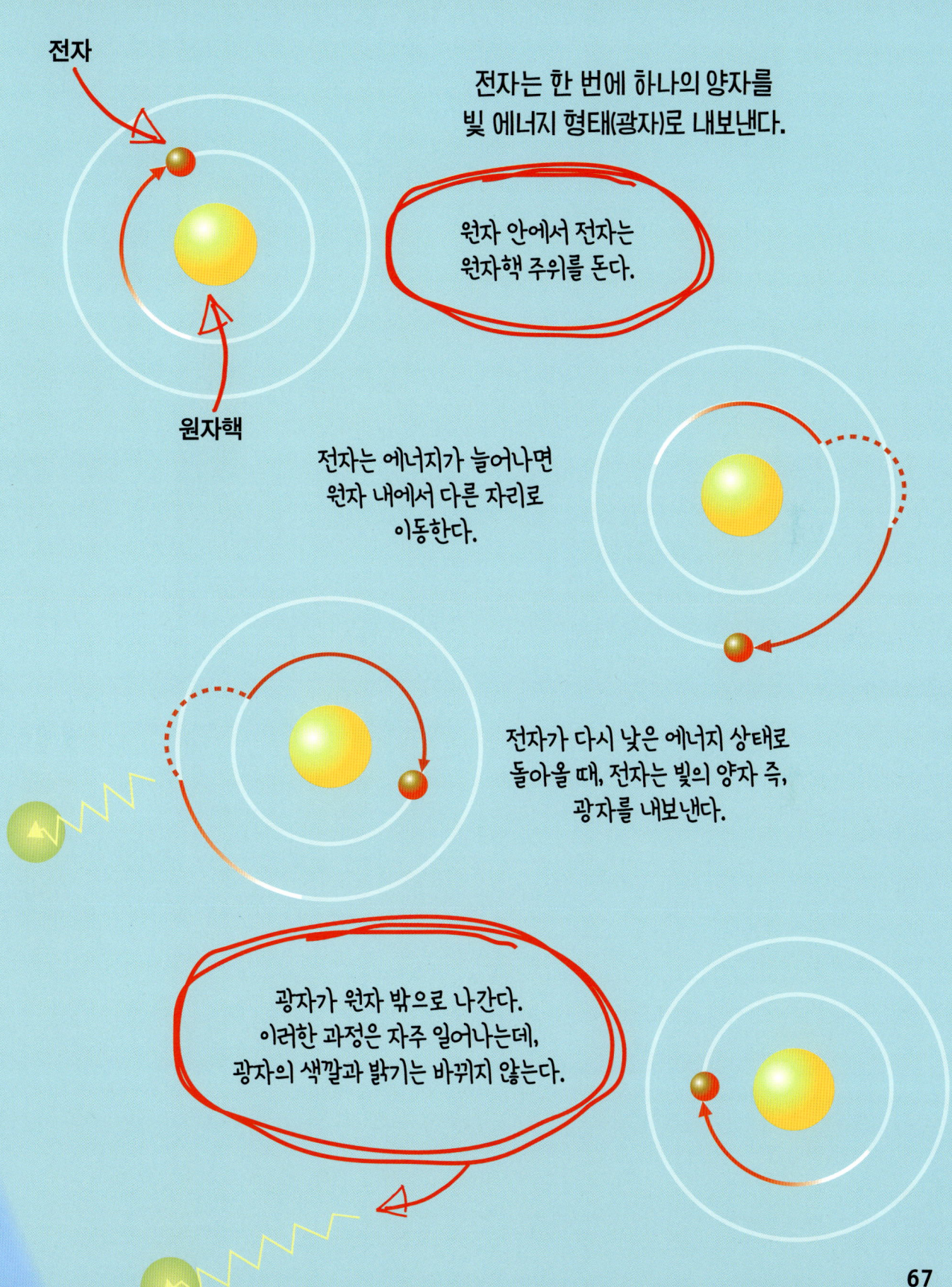

한눈에 보는 지식
21 원자력

20세기 초, 과학자들은 원자핵 속에 숨어 있는 새로운 에너지를 발견했습니다.

연료가 타면서 화학 반응이 일어나 열과 빛 에너지가 만들어집니다. 연료 속의 원자가 서로 분열되고 새로운 결합물이 되는 과정에서 에너지가 생깁니다. 하지만 원자핵은 이 과정에서 아무런 변화를 일으키지 않습니다.

태양의 열과 빛은 다른 방식으로 만들어집니다. 수소의 원자핵이 서로 충돌하여 헬륨 원자핵이 만들어지는데, 이때 빛과 열이 뿜어져 나옵니다. 이러한 과정을 핵융합이라고 합니다.

원자력 발전소는 핵분열이라는 방식으로 에너지를 만듭니다. 빠른 속도의 중성자를 우라늄 원소의 무거운 핵과 충돌시키는데, 이 원자핵이 쪼개어지면서 더 많은 중성자와 엄청난 에너지를 만들어 내는 거랍니다.

한줄요약
원자핵은 에너지로 가득 차 있습니다.

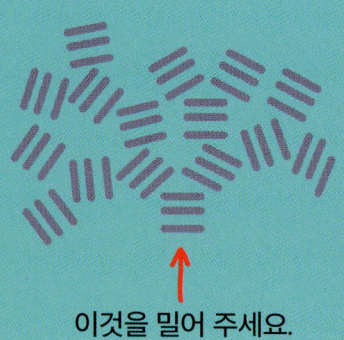

이것을 밀어 주세요.

연쇄 반응 일으키기

준비물 도미노

실험 방법

① 왼쪽 그림처럼 도미노를 가지가 뻗어 나가는 모양으로 세웁니다.

② 맨 앞의 도미노를 넘어뜨립니다.

→ 쓰러지는 도미노가 많아지면 소리도 점점 커집니다. 핵 연쇄 반응도 마찬가지입니다. 쪼개지는 원자핵의 개수가 많아지면 방출되는 에너지도 점점 커집니다.

한눈에 보는 지식
22 상대성 이론

1900년까지 과학자들은 자신들이 우주를 잘 이해하고 있다고 생각했습니다. 이때 알베르트 아인슈타인이라는 과학자가 나타나 만약 우주선이 초속 수천 km로 날아간다면 시공간에 이상한 일이 벌어진다는 이론을 발표했습니다.

만약 우리가 아주 빠르게 지나가는 우주선을 볼 수 있다면, 우주선 모양이 앞뒤로 눌린 것처럼 찌그러져 보일 것입니다. 우주선에 탄 사람은 아주 천천히 움직이는 것처럼 보일 거고요. 그리고 우주선이 떠오를 때보다 질량이 더 늘어났다는 사실도 알게 될 것입니다.

더욱 이상한 것은, 만약 우주선에 탄 누군가가 우리를 본다면 똑같은 일이 일어난다는 것입니다. 우리가 눌린 것처럼 찌그러져 보이고, 느리게 움직이며, 질량도 늘어나 있을 것입니다.

알베르트 아인슈타인

아인슈타인은 이를 상대성 이론이라고 불렀습니다. 이 이론에 따르면, 모양과 질량 그리고 그 밖의 특성들은 이들을 측정하는 방식에 따라 달라질 수 있습니다. 그는 태양과 같이 아주 무거운 물체는 시간과 공간에 영향을 미친다는 것을 증명했습니다. 만약 우리가 태양에 머물다가 지구로 돌아온다면 우리의 시간은 훨씬 느리게 흘러갔을 것입니다. 우리보다 늦게 태어난 사람보다도 훨씬 어려질 수 있답니다!

한줄요약
상대성 이론은 시간, 공간 그리고 중력의 관계를 설명합니다.

납작해지는 우주선

준비물 두꺼운 수첩, 사인펜

실험 방법

① 수첩의 오른쪽 페이지 모서리마다 우주선의 옆모습을 그립니다. 이때 뒷장의 우주선을 앞장의 우주선보다 더 짧게 그려야 합니다.

② 왼손으로 수첩을 잡고 엄지손가락으로 오른쪽 페이지 모서리 끝을 잡고 뒤로 젖히면서 책장을 주루룩 넘겨 보세요.

⋯▶ 우주선이 날아가는 것처럼 보일 것입니다. 책장을 넘기는 속도를 빠르게 하면 우주선이 더 눌린 것처럼 납작해진답니다.

에밀리는 우주선을 타고 초속 15만 km로 날아가고 있다. 우주선이 발사되기 전에 에밀리와 잭은 모두 시계를 0에 맞추었다.

아인슈타인의 이론에 따르면 무언가 아주 빠르게 움직일 때는 그것의 측정이 가능한 특성들이 변한다.

잭이 있는 작은 행성까지 도착하는 데 에밀리의 시계로 3.8분이 걸렸다. 에밀리가 지나가면서 이 행성의 시계를 보니 그곳의 시계는 3.3분밖에 흐르지 않았다.

에밀리의 우주선이 지나갈 때, 행성의 시계와 잭의 시계는 모두 3.8분이었다. 하지만 우주선의 시계는 3.3분밖에 흐르지 않았다.

한눈에 보는 지식
23 대륙 이동설

우리가 딛고 서 있는 땅이 움직이며 떠다닌다고 생각하기는 매우 어려울 것입니다. 그래서 20세기가 될 때까지 이런 생각을 떠올리는 과학자는 없었습니다.

세계 지도를 자세히 살펴보면 대륙의 모양이 서로 맞물리는 부분이 있다는 것을 알 수 있습니다. 1910년에 여러 과학자들은 이에 대해서 깊이 고민하기 시작했습니다. 알프레드 베게너도 서로 멀리 떨어져 있는 대륙에서 발견된 화석이 매우 비슷하다는 사실을 발견했습니다.

알프레드 베게너

베게너는 아주 오래전에는 대륙들이 판게아라고 불리는 하나의 큰 대륙(초대륙)을 이루고 있었다고 생각했습니다. 지금은 떨어져 있지만 하나였던 대륙에서 동물과 식물이 함께 살고 있었을 거라고요.

그 당시에는 아무도 베게너의 말을 믿지 않았습니다. 하지만 오늘날 각 대륙이 아주 거대한 '판' 위에 있다는 사실이 밝혀졌습니다. 이 판들은 바다 깊숙한 곳까지 뻗어 있고 서로 연결되어 있지요. 또한 액체 상태의 거대한 암석 위를 아주 천천히 떠다니고 있답니다.

한줄요약
대륙들은 천천히 움직이고 있습니다.

대륙판 움직이기
이 실험은 대륙판들이 붙어 있더라도 움직일 수 있다는 것을 보여 줍니다.

준비물 두꺼운 수건 2장

실험 방법
① 두꺼운 수건 2장을 매끄러운 바닥에 마주 보게 깝니다.
② 두꺼운 수건을 마주 보는 방향으로 밀어 보세요.
⋯▶ 수건 하나가 다른 수건 아래로 미끄러져 들어가거나 둘 다 위로 솟아오를 것입니다. 또 찌그러질 수도 있습니다. 이것은 지구에서 일어나는 현상과 같습니다. 대륙판이 부딪쳐서 땅이 찌그러지거나 솟아올라서 산맥이 만들어집니다. 이 과정에서 지진이 일어나거나 화산이 터질 수도 있습니다.

대륙 이동설에 따르면, 아주 오래전에는
하나의 커다란 대륙(초대륙)이 있었다.

베게너는 같은 종류의 화석이
멀리 떨어진 대륙에서도 발견됐다는
사실을 알게 됐다.

키노그나투스

메소사우루스

리스트로사우루스

글로소프테리스

베게너는 이를 증거로 같은 종류의
화석이 나온 대륙이 한때는 붙어 있었다는
대륙 이동설을 주장했다.

한눈에 보는 지식
24 화학 진화설

1924년에 알렉산드로 오파린이라는 러시아 과학자가 깜짝 놀랄 만한 생각을 떠올렸습니다. 오파린은 '만약 우리(또 다른 생물들)가 화학 물질로 이루어진 거대하고 복잡한 구조물이라면, 아주 단순한 화학 물질이 수십 억 년 동안 진화해 온 것이 아닐까?'라고 생각했습니다.

많은 사람들, 특히 종교적 신념이 강한 사람들은 오파린의 생각을 도저히 받아들일 수 없었습니다. 하지만 미국의 과학자 해럴드 유리는 달랐습니다. 그는 번개를 흉내 낸 전기 에너지를 이용해 실험한 결과, 수십 억 년 전에 지구에 있던 화학 물질이 생명체로 진화했을 것이라고 결론 내렸습니다.

알렉산드로 오파린

해럴드 유리와 그의 제자인 스탠리 밀러는 오파린의 이론을 직접 실험해 보았습니다. 그들은 실험실에서 단순한 화학 물질들을 혼합하여 번개를 흉내 낸 전기 불꽃을 가했는데, 그 결과는 놀라웠습니다. 생물 안에서 발견되는 여러 종류의 화학 물질이 만들어졌기 때문입니다. 그중에는 지구에 사는 생명체의 구성 성분인 아미노산도 포함되어 있었습니다. 이를 통해 그들은 수십 억 년 전에 지구에 있던 화학 물질이 생명체로 진화했을 것이라고 결론 내렸습니다.

한줄요약
모든 생명체는 화학 물질에서 진화했습니다.

우유에서 아미노산 뽑아내기
준비물 우유 2잔, 식초 3스푼, 체, 키친타월, 도와줄 어른

실험 방법
① 어른의 도움을 받아 뜨겁게 데운 우유에 식초를 넣고 덩어리가 생길 때까지 저어 줍니다. 이 덩어리가 케이신이라는 아미노산입니다.
② 체에 키친타월을 깔고 그 위에 케이신을 부어서 물기를 빼 줍니다.
③ 키친타월을 여러 겹 깔고 그 위에 물기를 뺀 케이신을 올려놓고 키친타월을 몇 겹 더 덮어서 꼭꼭 눌러 물기를 더 빼 줍니다.
⋯ 케이신을 주물러서 여러 가지 모양을 만들어 보세요. 이틀 정도 지나면 딱딱하게 굳어진답니다.

해럴드 유리는 모든 생명체가
단순한 화학 물질에서 진화했다는 오파린의
생각을 실험으로 증명해 냈다.

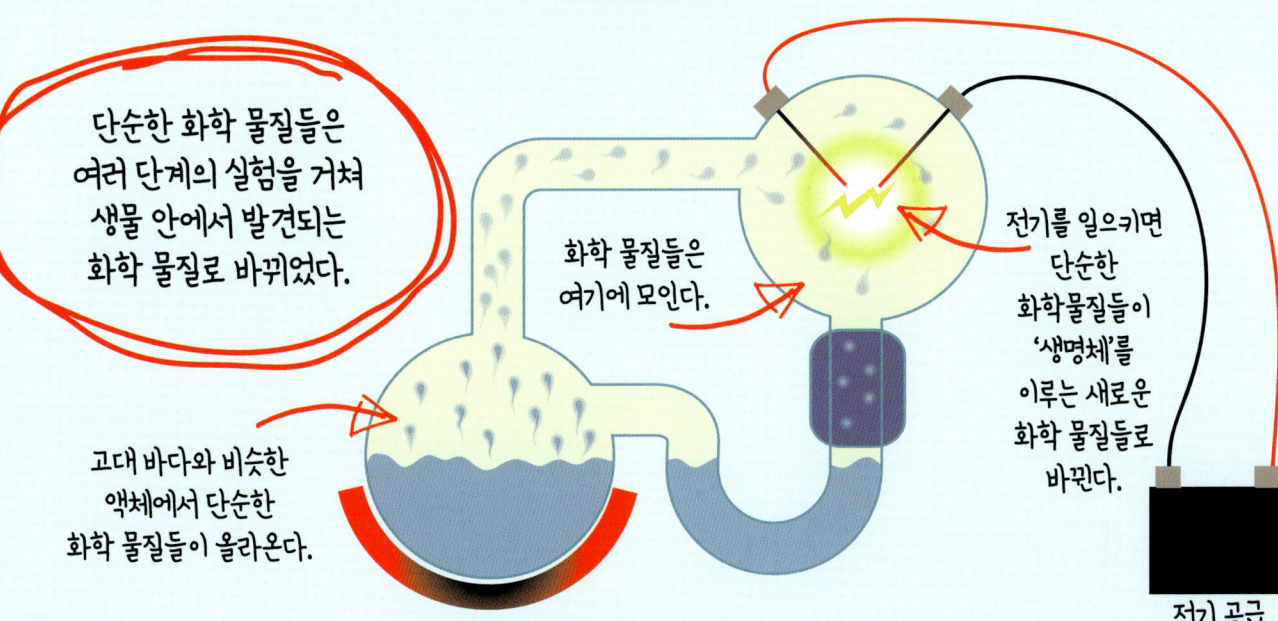

단순한 화학 물질들은 여러 단계의 실험을 거쳐 생물 안에서 발견되는 화학 물질로 바뀌었다.

화학 물질들은 여기에 모인다.

전기를 일으키면 단순한 화학물질들이 '생명체'를 이루는 새로운 화학 물질들로 바뀐다.

고대 바다와 비슷한 액체에서 단순한 화학 물질들이 올라온다.

전기 공급

수십 억 년 전에 단순한 화학 물질들이 바다에서 위로 올라왔다.

번개가 이 화학 물질들을 생명체를 이루는 화학 물질로 바꾸었다.

생명체를 이루는 새로운 화학 물질들은 비와 함께 바다로 떨어졌다.

수십 억 년이 흐르자 단순한 화학 물질들은 다양한 바다 생물로 진화했다.

한눈에 보는 지식
25 불확정성의 원리

아주 작은 것들로 이루어진 양자 세계는 우리가 살고 있는 인간 세계의 크기와 아주 다릅니다.

예를 들어 우리는 축구공 같은 물체의 크기와 무게, 그리고 물체가 놓여 있는 위치를 정확하게 알고 있다고 생각합니다. 하지만 전자처럼 아주 작은 크기의 물체는 정확하지 않은 대략의 위치만 정해져 있을 뿐입니다.

우리가 아주 높은 둥근 벽 안에 갇혀 있다고 상상해 보세요. 벽은 너무 미끄러워서 오를 수 없고, 너무 단단해서 깰 수 없고, 너무 높아서 뛰어넘을 수 없습니다. 게다가 땅굴도 너무 깊다면 우리는 영원히 그곳에서 빠져나오지 못할 것입니다.

하지만 양자 세계의 법칙을 적용하면 어떨까요? 양자 세계에서는 우리의 키, 힘, 위치 등이 대략 정해져 있을 뿐입니다. 다시 말해 벽 밖으로 빠져나올 수도 있다는 뜻입니다. 우리가 갑자기 벽 밖으로 나와 있거나, 벽을 뚫을 수 있는 힘이 생기거나 키가 커져서 뛰어넘을 수 있게 된답니다.

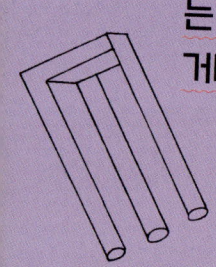

믿기 힘들겠지만 이것이 전자가 원자로부터 빠져나오는 방법을 설명하는 유일한 이론입니다. 신기하게도 전자에게는 그럴 만한 힘이 없는데도, 이런 일이 매우 자주 발생한답니다.

한줄요약
아주 작은 세계에서는 정확한 값이라는 것이 거의 존재하지 않습니다.

불확실한 물체들
준비물 뚜껑이 있는 원통형 상자, 초, 도와줄 어른
실험 방법
① 어른의 도움을 받아 원통형 상자의 바닥에 지름 2cm의 구멍을 뚫습니다.
② 어른의 도움을 받아 초에 불을 붙이고, 1분 뒤에 불을 끕니다.
③ 원통형 상자에 난 구멍을 막은 다음, 촛불 심지 위쪽으로 원통형 상자를 가져가 연기를 모으고 뚜껑을 닫습니다.
④ 원통형 상자 구멍을 연 다음, 살짝 눌러 연기 고리를 여러 개 만들어 보세요. 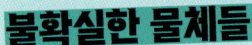 이것은 전자를 크게 확대한 모습과 비슷합니다.
⑤ 연기의 경계선을 찾아보세요.
→ 여러분은 연기의 경계선을 찾을 수 없을 뿐만 아니라 연기의 개수를 세는 것도 어려울 것입니다.

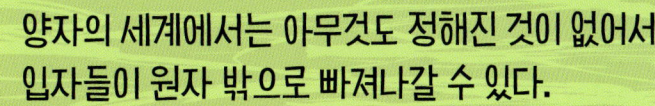

양자의 세계에서는 아무것도 정해진 것이 없어서 입자들이 원자 밖으로 빠져나갈 수 있다.

전자가 벽 안에 갇혀 있다.

벽은 너무 높아서 오르기 어렵다.

갑자기 전자가 벽 밖으로 빠져나온다.

전자가 탈출했다.

77

오늘날의 과학

과학 기술은 제2차 세계 대전에서 중요한 역할을 했습니다. 그 후 세계 여러 나라는 과학 교육과 연구에 더 큰 돈을 투자했습니다. 오늘날 과학자들은 국제적으로 서로 도움을 주고받으며 연구하고 있습니다. 현재 과학은 눈부실 정도로 빠르게 발전하고 있습니다.

오늘날의 과학
읽기 전에 알아두기

디엔에이(DNA) 디옥시리보핵산(Deoxyribo nucleic acid)의 줄임말. 디엔에이(DNA)는 커다란 분자로 이루어진 화학 물질로, 세포 안에 있다. 디엔에이에는 우리 몸을 이루는 데 필요한 정보가 들어 있다.

분광기 태양이나 별, 뜨거운 기체처럼 반짝이는 물체에서 나오는 빛을 파장에 따라 분산시켜 이를 관찰하는 장치.

분자 2개 이상의 원자가 결합한 것. 물은 수소 원자 2개와 산소 원자 1개가 결합하여 만들어진 분자이다.

아미노산 단백질을 이루는 기본적인 화학 물질.

에너지 일을 할 수 있게 만드는 것. 에너지의 종류는 운동, 빛, 소리, 열 등 아주 다양하다.

우주 이 세상에 존재하는 모든 것.

원자 물질을 구성하는 기본 입자. 자신보다 훨씬 더 작은 입자들로 이루어져 있다. 우리 주변의 모든 것은 원자들이 서로 결합하여 만들어졌다.

유전자 생명체의 정보를 담고 있는 디엔에이 조각. 기다란 디엔에이 사슬에 여러 개의 유전자가 들어 있다. 유전자에 따라 단백질의 아미노산 순서가 결정된다.

입자 눈에 보이지 않을 정도로 작은 덩어리. 원자와 전자는 입자이다.

전자 아주 작은 입자. 원자를 이루는 성분이다.

중력 우리를 땅에 붙어 있게 하고, 물체를 아래로 떨어지게 하며, 달이 지구 주위를 돌게 하고, 지구가 태양 주위를 돌게 하는 힘.

질량 어떤 물체 안에 있는 물질의 양. 질량이 클수록 무겁다.

핵 세포나 원자 등의 중심부.

한눈에 보는 지식
26 빅뱅

100여 년 전, 당시 천문학자들은 우주 공간에서 은하가 멀어지는 속도를 측정하는 방법을 알고 있었습니다. 은하가 내는 빛은 시간이 지날수록 점점 더 붉은빛을 띠게 되는데, 그들은 이 점을 이용해 은하가 움직이는 속도를 계산했습니다.

천문학자들은 멀리 떨어져 있는 은하일수록 더 빨리 멀어지고 있다는 사실을 알게 됐습니다. 이것은 우주가 팽창하고 있다는 뜻입니다.

조지 가모프

우주 공간에서 은하가 점점 멀어지고 있다면, 아주 오래전에는 서로 가까이 붙어 있었을 것입니다. 그러다 엄청나게 큰 폭발이 일어나면서 은하가 멀어지게 됐습니다. 우주에서 일어난 이 에너지 폭발을 빅뱅이라고 부릅니다. 1984년 조지 가모프라는 과학자는 오늘날 우리가 알고 있는 원자들도 빅뱅으로 만들어졌다는 사실을 밝혀냈습니다.

빵 우주

준비물 계량컵(100ml), 밀가루, 설탕, 즉석 활성 건조 효모, 따뜻한 물, 건포도 약간, 큰 그릇, 랩, 도와줄 어른

실험 방법

① 밀가루를 계량컵으로 가득 덜어 큰 그릇에 넣고, 여기에 설탕 한 스푼, 효모 2g, 건포도 한 줌을 넣습니다. 건포도는 은하계의 별들을 나타냅니다.

② 따뜻한 물 60ml를 조금씩 넣어 가며 반죽하여 덩어리를 만들고, 그릇에 랩을 씌운 다음 1시간 동안 그대로 두세요.

③ 반죽이 부풀어 오르면서 건포도들이 서로 멀어집니다. 은하계의 별 무리들도 우주가 팽창할 때 이렇게 멀어지는 거랍니다.

④ 다시 반죽을 치댄 후에 한 시간 동안 두었다가 200도로 예열한 오븐에서 30분 정도 굽습니다. 빵을 두드렸을 때 비어 있는 소리가 날 때까지 굽습니다.

→ 빵은 아주 뜨겁지만 오븐에서 꺼낸 이후에 곧바로 식기 시작합니다. 우주도 마찬가지로 금방 식습니다.

한줄요약
우주는 빅뱅이라는 갑작스러운 폭발로 생겨났습니다.

한눈에 보는 지식
27 디엔에이(DNA)

1953년의 어느 날, 두 명의 과학자 왓슨과 크릭이 "우리가 방금 생명의 비밀을 풀었어!"라고 소리쳤습니다.

몇 달 뒤, 그들은 모든 생명체를 이루고 있는 화학 물질의 구조를 밝혀냈습니다. 바로 디옥시리보핵산(Deoxyribonucleic acid), 줄여서 디엔에이(DNA)라고 불리는 화학 물질의 구조입니다. 디엔에이는 크고 매우 복잡합니다. 우리 몸에 있는 수조 개의 디엔에이 분자 하나하나에는 우리 몸을 이루는 데 필요한 모든 정보가 들어 있기 때문입니다.

왓슨과 크릭

우리 주변의 대부분은 분자로 되어 있고, 분자는 원자로 되어 있습니다. 보통 분자 하나에 결합되어 원자는 몇 개 되지 않습니다. 하지만 디엔에이는 약 2천 억개의 원자가 결합하여 기다란 실 모양을 만듭니다. 만약 이것을 곧게 펼 수 있다면 길이가 몇 cm밖에 되지 않습니다. 하지만 디엔에이는 폭이 1mm보다도 수천 배나 작은 세포핵 안으로 들어가야 합니다.

그래서 디엔에이는 이중 나선 모양으로 단단히 감겨 있습니다. 왓슨과 크릭은 로잘린드 프랭클린이라는 다른 과학자가 찍은 특별한 디엔에이의 사진을 보고 이 형태를 밝혀냈답니다.

한줄요약
디엔에이는 생명체를 이루는 모든 정보를 담고 있습니다.

디엔에이는 어떻게 스스로 복제할까?
대부분의 체세포는 생존 시간이 짧아서 정기적으로 새로운 세포를 만들어 냅니다. 새로운 세포를 만들기 위해 오래된 세포는 반으로 갈라집니다. 새로운 세포에게도 각자의 디엔에이가 필요하기 때문에 오래된 세포 안의 디엔에이도 갈라져서 한 쌍이 새로 만들어집니다. 이를 위해 디엔에이는 지퍼처럼 결합되어 있던 두 가닥을 스스로 갈라지게 만듭니다. 열린 가닥에 새로운 가닥이 달라붙어서 새로운 디엔에이 분자들을 만들어 냅니다.

모든 생물은 복잡한 화학 물질인 디엔에이로부터 만들어진다. 디엔에이의 배열은 일란성 쌍둥이를 빼고는 사람마다 약간씩 다르다.

아데닌

사이토신

티민

구아닌

디엔에이의 두 가닥은 염기라고 하는 화학 물질로 연결되어 있다. 디엔에이를 이루고 있는 염기는 네 종류이다.

염기는 서로 짝을 이루어 길게 꼬인 사슬 모양의 이중 나선을 만든다.

이것이 디엔에이다.

한눈에 보는 지식
28 유전자 변형

디엔에이 분자를 이루고 있는 염기쌍은 마치 간단한 알파벳으로 문장을 만드는 것과 비슷합니다. 글자들이 모여 문장을 만드는 것처럼, 염기쌍들도 길게 모여 하나의 유전자를 만듭니다. 유전자는 문장이 그렇듯이 '파란색 눈'과 같은 내용을 담고 있습니다. 제품 설명서의 문장이 길게 이어져 있는 것처럼, 디엔에이 분자도 유전자가 길게 이어져 있습니다.

화학 물질을 사용하면 한 생명체의 디엔에이에서 특정 유전자를 빼내어 다른 생명체의 디엔에이에 끼워 넣을 수 있습니다. 마치 책 내용의 일부를 오려서 다른 책에 붙여 넣는 것과 같습니다. 디엔에이 '사용 설명서'가 새롭게 바뀌면, 다른 종류의 생물이 만들어진답니다.

이렇게 디엔에이를 자르고 붙이는 것을 유전자 변형(GM)이라고 합니다. 유전자 변형으로 약물을 생산하는 세균, 물이 필요할 때 어둠 속에서 빛나는 식물, 질병에 강한 농작물을 만들 수 있습니다.

한줄요약
유전자 변형으로 새로운 종류의 생물을 만듭니다.

내 디엔에이 빼내기
준비물 작은 종이컵, 무색의 스포츠 음료, 액체비누, 파인애플주스, 나무젓가락, 24시간 전에 냉동실에 넣어 둔 알코올(소독약), 뚜껑이 있는 병, 도와줄 어른

실험 방법
① 스포츠 음료를 마시고 2분 동안 가글하듯이 입에 머금었다가 컵에 뱉습니다. 이것을 유리병에 3분의 1정도로 채웁니다.
② 액체비누를 유리병의 절반까지 담고, 유리병을 살살 흔들어서 내용물을 섞습니다. 파인애플주스 몇 방울을 넣고서 다시 섞습니다.
③ 유리병에 알코올도 조금 넣습니다.
④ 알코올이 물에 뜨면 나무젓가락으로 젓습니다
→ 하얗고 끈적거리는 물질이 위로 떠오릅니다. 이것이 바로 디엔에이입니다.

한눈에 보는 지식
29 표준 모형

표준 모형은 오늘날 우주 이론 중에서 가장 많은 사람이 옳다고 생각하는 이론입니다. 이 이론에 따르면, 우주의 모든 것은 17가지 입자로 이루어져 있습니다. 이 입자들 중 4종류는 우주의 4종류의 힘과 관련이 있습니다. 우주를 지배하는 4가지 힘은 중력(질량을 가진 물체 사이에 작용하는 힘), 전자기력(전하를 가진 물체 사이에 작용하는 힘), 강력(원자핵을 한데 묶어 두는 힘), 약력(원자핵 붕괴를 일으키는 힘)입니다. 그중 우리에게 가장 친숙한 힘은 중력입니다.

표준 모형은 '장(field)'에 관한 이야기가 많습니다. 자석이 가까이 있는 금속을 끌어당길 때, 우리는 그 금속이 자석의 '자기장' 안에 있다고 말합니다.

지구의 중력이 우주의 한 천체를 끌어당길 때, 우리는 이 천체가 지구의 '중력장' 안에 들어왔다고 말합니다.

표준 모형 이론으로 과학의 많은 분야에서 일어나는 현상을 대부분 설명할 수 있습니다. 하지만 아직 중력에 관해서는 설명하지 못하고 있답니다.

한줄요약
표준 모형은 우주를 설명하는 최고의 이론입니다.

힘 겨루기

준비물 10cm 길이의 실, 커다란 클립, 접착테이프, 자석

실험 방법
① 실에 클립을 묶고, 다른 쪽 끝을 접착테이프로 책상에 붙입니다.
② 클립을 들어올려서 실이 수직으로 팽팽하도록 만들고, 클립 바로 위에서 자석을 들고 있으세요.
③ 자석 때문에 클립이 공중에 뜨면 손을 놓고 자석을 천천히 위로 움직여 봅니다.
⋯ 클립 주변의 자기장은 점점 약해져 결국에는 지구의 중력장보다도 약해질 것입니다. 중력의 힘이 더 커지는 순간, 클립은 아래로 떨어진답니다.

한눈에 보는 지식
30 끈 이론

바로 앞에 나왔던 표준 모형 이론은 중력을 설명하지 못합니다. 그런데 끈 이론으로는 설명할 수 있을지도 모릅니다. 하지만 끈 이론은 아직 완성되지 않았기 때문에 중력을 완벽하게 설명할 수는 없습니다.

끈 이론에 따르면, 우주에 있는 17가지 입자는 '끈'으로 이루어져 있다고 합니다. 하지만 이 끈은 우리가 쓰는 끈과 다릅니다. 이 끈들은 너무 작아서 가장 성능 좋은 과학 기구로도 볼 수 없습니다.

끈 이론에서는 작은 끈들이 마치 기타의 줄처럼 끊임없이 진동하고 있습니다. 하지만 진동하는 방식은 매우 다양하고, 입자의 종류에 따라 진동하는 방식도 다릅니다. 중력과 전자기력을 포함한 4가지 힘도 진동하는 끈으로 이루어져 있습니다.

끈 이론은 아직 확실하게 증명되지 않습니다. 하지만 만약 이 이론이 옳다면, 우주의 모든 것을 설명하는 가장 성공적인 첫 번째 이론이 될 것입니다.

한줄요약
끈 이론은 모든 입자는 '끈'으로 이루어져 있다고 주장합니다.

끈 이론 살펴보기
끈 이론에서, 특정한 끈은 실제 끈처럼 일정한 방식으로 진동합니다.

준비물 줄넘기, 도와줄 친구

실험 방법
① 줄넘기의 한쪽 끝을 잡고 친구에게 다른 쪽 끝을 잡아달라고 합니다. 그리고 줄넘기를 위아래로 움직여서 고리 모양을 만듭니다.
② 손을 빨리 움직여서 2개의 고리를 만들어 보세요.
③ 더 빨리 움직여서 3개의 고리도 만들어 보세요.
④ 고리 1개 반을 만들어 보세요. 아마도 만들 수 없을 것입니다. 이 줄넘기는 일정한 방식으로만 진동하기 때문입니다.

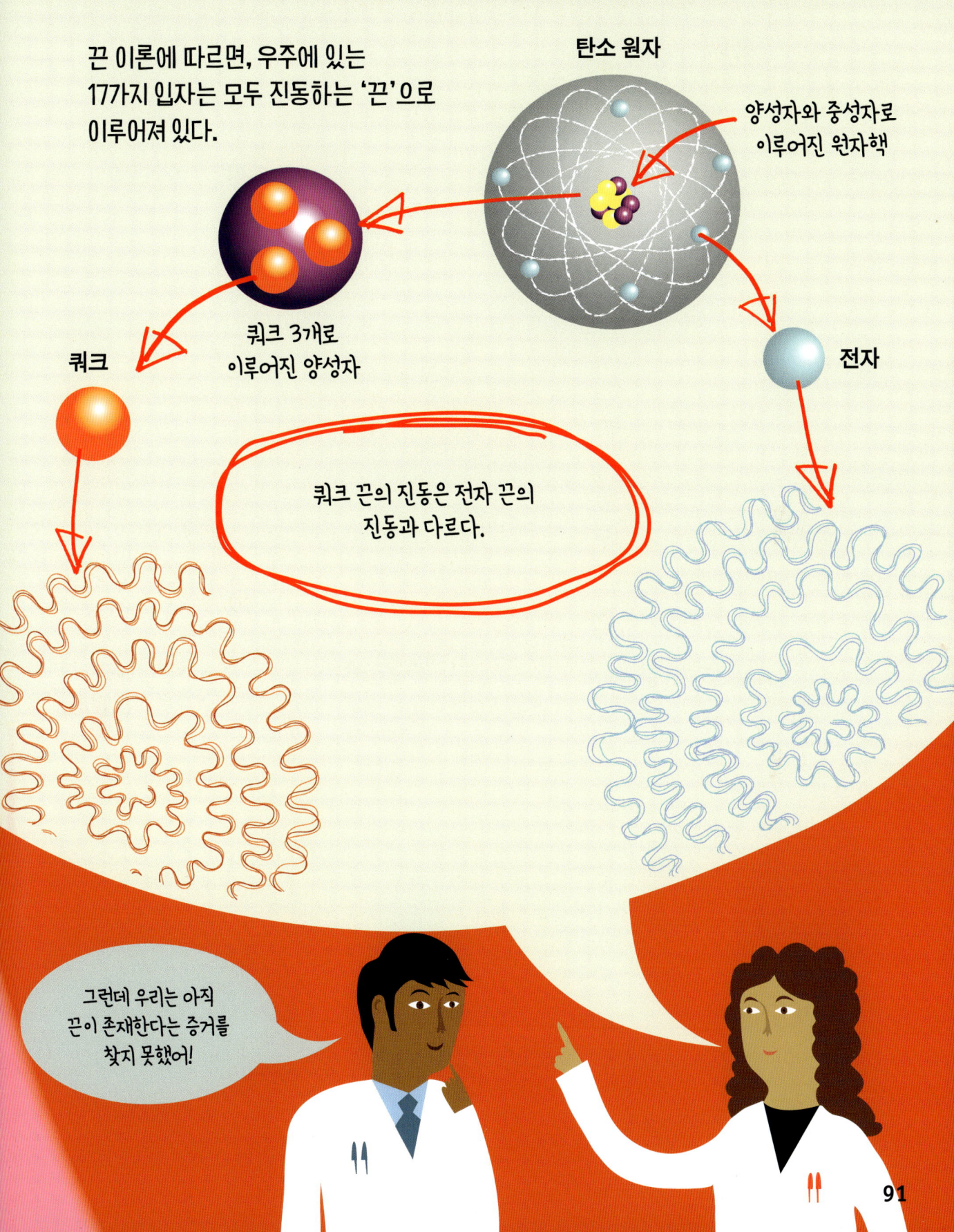

지식 플러스
이 책에 나온 과학자들

갈릴레오 갈릴레이(1564~1642)

이탈리아의 물리학자이자 천문학자입니다. 갈릴레이는 머릿속으로 생각으로 하는 사고 실험을 통해 '진자의 법칙'과 '관성의 법칙' 등 다양한 물리 법칙들을 발견했습니다. 또 망원경으로 관찰한 목성의 위성, 토성의 띠, 달 표면 등을 근거로 태양 중심설(지동설)을 주장하다가 종교 재판을 받기도 했습니다. 비록 재판장에서는 태양 중심설 주장을 포기했지만, 그 뒤에도 연구를 계속하여 책을 펴냈습니다.

그레고어 멘델(1822~1884)

오스트리아의 성직자이자 유전학자입니다. 멘델은 수도원 뒤뜰에서 완두를 기르며 교배 실험을 하던 중 유전에 관한 3가지 법칙을 찾아냈습니다. 멘델의 연구는 근대 유전학의 기반이 되었지만, 안타깝게도 그가 살아있는 동안에는 인정받지 못했답니다.

다니엘 베르누이(1700~1782)

네덜란드에서 태어난 스위스의 물리학자이자 수학자입니다. 1738년에 쓴 《유체역학》에서 '베르누이의 정리'를 발표하며 액체와 기체처럼 흐르는 물질의 운동을 설명했습니다. 또한 기체는 끊임없이 움직이며 서로 부딪히고 튕겨 나가는 작은 입자로 구성되어 있다는 기체 분자 운동론을 주장하고 발전시켰습니다.

드미트리 멘델레예프(1834~1907)

러시아의 화학자로, 화학을 공부할 때 꼭 필요한 '주기율표'를 처음으로 고안했습니다. 주기율표란 원소들이 가지고 있는 규칙성에 따라 원소를 배열한 표를 말합니다. 그는 이것을 토대로 당시에 발견되지 않은 원소의 성질을 예측하기도 했는데, 수십 년 후 실제로 발견된 원소의 성질과 놀랍도록 비슷했습니다.

로버트 훅(1635~1703)

영국의 화학자이자 물리학자, 천문학자입니다. 훅은 자신이 직접 개량한 현미경으로 코르크 조각을 관찰하다가 처음으로 식물의 세포 구조를 발견했습니다. 그는 현미경으로 본 작은 세상을 《마이크로그라피아》라는 책에서 자세히 설명했는데, 여기서 세포(cell)라는 용어를 처음으로 썼습니다.

루이 파스퇴르(1822~1895)

프랑스의 화학자이자 미생물학자입니다. 파스퇴르는 실험을 통해 미생물이 발효와 질병의 원인이 된다는 것을 밝혀냈습니다. 또한 백신을 처음으로 만들어 전염병으로부터 생명을 구하거나 우유나 다른 음료가 상하지 않도록 하는 저온 살균법을 발명하는 등 그의 연구는 사람들에게 많은 도움을 주었답니다.

마이클 패러데이(1791~1867)

영국의 물리학자이자 화학자입니다. 페러데이는 대장장이의 아들로 태어나 가난한 어린 시절을 보내다가, 제본소에서 일을 하던 중 과학을 접하고 흥미를 느끼기 시작했습니다. 당대 유명한 과학자였던 험프리 데이비의 강연을 듣고 자신이 기록한 노트를 보냈는데, 이것이 데이비의 눈에 띄어 실험 조수로 일하게 되었습니다. 이후 자석으로 전기를 만드는 장치를 연구하여 '전자기 유도 법칙'을 발견하고, 이 원리를 사용하여 발전기와 변압기도 개발했습니다.

아리스타르코스(BC 310?~BC 230?)

고대 그리스의 천문학자로, 최초로 태양 중심설(지동설)을 주장했습니다. 아리스타르코스는 과학적인 방법으로 태양이 지구보다 훨씬 크다는 사실을 알아냈는데, 작은 지구가 거대한 태양 주위를 도는 것이 이치에 맞다고 생각했기 때문입니다. 하지만 그의 주장은 지구 중심설(천동설)에 가려 오랫동안 무시당하다가 1800년 이후에야 인정받았습니다.

아리스토텔레스(기원전 384년~기원전 322년)

고대 그리스의 철학자로, 스승인 플라톤과 함께 고대 그리스의 가장 뛰어난 철학자입니다. 아리스토텔레스는 예술, 철학, 수학, 과학 등 거의 모든 분야의 학문을 공부하고 체계를 세웠습니다. 특히 그는 학문을 할 때 논리적인 사고가 매우 중요하다고 생각했습니다. 이러한 그의 생각은 사람들이 과학적으로 세상을 연구할 수 있는 기틀을 마련해 주었습니다.

아이작 뉴턴(1642~1727)

영국의 물리학자이자 천문학자, 수학자입니다. 뉴턴은 과학 발전에 큰 공헌을 했습니다. 그는 우주의 모든 물체가 서로 끌어당긴다는 만유인력의 법칙을 발견했으며, 여러 개의 거울을 이용해 만든 반사 망원경으로 천체를 관찰하는 데 큰 도움을 주었습니다. 또한 미적분을 완성하여 복잡한 과학 현상들을 수학으로 계산할 수 있게 했습니다. 그가 쓴 《프린키피아》는 근대 과학을 완성시켰다고 평가받고 있습니다.

지식 플러스
이 책에 나온 과학자들

크리스티안 하위헌스 (1629~1695)

네덜란드의 물리학자이자 천문학자입니다. 하위헌스는 형과 함께 굴절 망원경을 만들어 토성의 고리와 위성을 관측했습니다. 뉴턴은 빛이 입자로 이루어져 있다고 생각한 반면, 하위헌스는 빛이 마치 물결처럼 파동의 형태로 전달된다고 생각했습니다. 그의 주장은 많은 사람의 지지를 받았습니다. 하지만 현재 과학자들은 빛이 2가지 성격을 모두 지니고 있으며 경우에 따라 다르게 행동한다고 생각합니다.

알베르트 아인슈타인 (1879~1955)

독일에서 태어난 미국의 물리학자로, 20세기 가장 큰 영향력을 끼친 과학자로 손꼽힙니다. 아인슈타인의 이론들은 반도체, 인공위성, 원자력 발전 등 과학 기술의 발전에 큰 영향을 미쳤습니다. 또한 그는 우주의 여러 물리 법칙들을 발견하여 사람들이 우주를 새로운 관점으로 바라볼 수 있게 했답니다. 하지만 자신의 연구가 핵무기 등 사람을 해치는 데 쓰이자 매우 슬퍼하며 평화를 지키기 위한 여러 노력을 기울였습니다.

알프레트 베게너 (1880~1930)

독일의 기상학자이자 지질학자입니다. 베게너는 1915년에 쓴 《대륙과 해양의 기원》에서 과거에 하나의 초대륙으로 이루어져 있던 대륙들이 점차 갈라져서 지금의 대륙이 되었다고 주장했습니다. 하지만 대륙을 이동시키는 힘을 설명하지 못했기 때문에 인정받지 못했습니다. 하지만 현재 그가 주장했던 대륙 이동설은 판구조론으로 발전되어 사실로 받아들여지고 있답니다.

앙투안 라부아지에 (1743~1794)

프랑스의 화학자입니다. 라부아지에는 물을 분해하는 실험을 통해 물이 산소와 수소로 이루어졌다는 것을 밝혀냈습니다. 이것으로 사람들이 오랫동안 믿고 있었던 4원소설은 무너지게 됐습니다. 그는 그 외에도 연소와 호흡 현상, 질량보존의 법칙, 화합물의 명명법 등 근대 화학의 체계를 세우는 데 큰 역할을 담당했답니다. 그는 세금 징수원으로 일하며 큰 돈을 벌었는데, 이것이 대중의 미움을 받았습니다. 결국 프랑스 혁명 때 단두대에서 목숨을 잃었습니다.

엠페도클레스 (기원전 490?~430?)

고대 그리스의 철학자, 정치가, 시인, 의사입니다. 엠페도클레스는 세상이 물, 불, 공기, 흙의 4가지 원소로만 이루어져 있다고 주장했습니다. 이들이 섞이고 나누어지는 정도에 따라 모든 사물이 생겨나고 사라진다고 생각했답니다. 그가 주장한 4원소설은 18세기 돌턴의 원자설이 등장하기 전까지 2,000년이 넘도록 사람들에게 받아들여졌습니다.

피타고라스(기원전 580~500?)

고대 그리스의 수학자이자 철학자입니다. 피타고라스는 우주의 모든 것이 '수'로 이루어져 있다고 생각했습니다. 그의 제자들은 피타고라스를 신처럼 따르며 피타고라스 학파를 이루었습니다. 그들은 수학이나 음악, 천문학 등에서 다양한 업적을 남겼는데, 모든 발견은 피타고라스의 공으로 돌렸다고 합니다.

윌리엄 길버트(1544~1603)

영국의 의사이자 물리학자입니다. 엘리자베스 1세를 보살필 정도로 의학 실력이 뛰어났습니다. 하지만 그의 이름이 유명해진 것은 그가 쓴 《자석에 대하여》라는 책 때문입니다. 그는 이 책에서 지구를 커다란 자석으로 설명하고 있으며, 호박을 마찰하면 작은 물체를 끌어당기는 현상을 설명하기 위해 호박을 가리키는 라틴어 엘렉트리쿠스(electricus)를 처음 사용했습니다. 이 말에서 전기(electricity)라는 말이 나왔습니다.

조지 가모프(1904~1968)

우크라이나에서 태어난 미국의 물리학자입니다. 가모는 빅뱅 이론의 증거를 찾고 주장한 대표적인 과학자입니다. 빅뱅이란 아주 오래전 대폭발을 시작으로 우주가 탄생하여 팽창했다는 이론으로, 우주가 어떻게 생겨났는지 설명하는 이론 중 가장 널리 받아들여지고 있습니다.

존 돌턴(1766~1844)

영국의 화학자이자 물리학자입니다. 그는 대기를 연구하다가 대기가 여러 종류의 기체가 섞여 있는 혼합물이라는 사실을 알게 됐습니다. 그는 이 기체들이 원소이며 원소는 특정한 성질과 질량을 가진 원자라는 입자로 이루어졌다고 보았습니다. 이러한 돌턴의 원자론은 근대 화학이 발전할 수 있는 기틀이 됐습니다.

찰스 다윈(1809~1882)

영국의 생물학자입니다. 찰스 다윈은 1831년 해군의 탐험선인 비글호를 타고 5년 동안 남아메리카, 남태평양의 여러 섬과 오스트레일리아를 항해했습니다. 이 경험을 바탕으로 진화론에 관한 여러 근거와 자료들을 정리하여 《종의 기원》을 펴냈습니다. 이 책에는 환경에 가장 적응을 잘한 종이 살아남고, 그렇지 못한 종은 사라진다는 진화론의 핵심인 자연선택에 관한 내용이 담겨 있습니다. 그의 이론은 생물학뿐만 아니라 많은 분야에 큰 변화를 일으켰습니다.

초등학생을 위한 지식습관 ❸
과학 개념 30

글 | 마이크 골드스미스 그림 | 멜빈 에반스
옮김 | 송지혜 감수 | 이정모

1판 1쇄 인쇄 | 2022년 4월 15일
1판 1쇄 발행 | 2022년 5월 16일

펴낸이 | 김영곤
이사 | 은지영
영상사업1팀 | 김종민 윤규리
아동마케팅영업본부장 | 변유경
아동마케팅팀 | 김영남 원정아 이규림 고아라 이해림 최예슬 황혜선
아동영업1팀 | 이도경 오다은 김소연 **아동영업2팀** | 한충희 오은희
편집 | 꿈틀 이정아 **북디자인** | design S 손성희 **제작 관리** | 이영민 권경민

펴낸곳 | (주)북이십일 아울북
등록번호 | 제406-2003-061호 **등록일자** | 2000년 5월 6일
주소 | 경기도 파주시 회동길 201(문발동) (우 10881)
전화 | 031-955-2128(기획개발), 031-955-2100(마케팅·영업·독자문의)
팩시밀리 | 031-955-2421
브랜드 사업 문의 | license21@book21.co.kr
이미지 | 위키미디어 92, 93, 94, 95

ISBN 978-89-509-0004-5 74370
ISBN 978-89-509-0007-6 74370(세트)

Science Idea in 30 Seconds
Text: Dr Mike Goldsmith, Illustrations: Melvyn Evans
Copyright ⓒ 2014 Quarto Publishing plc
First published in the UK in 2014 by Ivy Kids, an imprint of The Quarto Group.
All rights reserved.

Korean translation ⓒ 2022, Book21
This edition is published by arrangement with Quarto Publishing plc through KidsMind Agency, Korea.
이 책의 한국어판 저작권은 키즈마인드 에이전시를 통해 Quarto Publishing plc와 독점 계약한 북이십일에 있습니다.
신 저작권법에 의해 한국 내에서 보호를 받는 저작물이므로 무단전재와 복제를 금합니다.

· 잘못 만들어진 책은 **구입하신 서점**에서 교환해 드립니다.

- 제조자명: (주)북이십일
- 주소 및 전화번호: 경기도 파주시 회동길 201(문발동) / 031-955-2100
- 제조연월: 2022. 5. 16
- 제조국명: 대한민국
- 사용연령: 3세 이상 어린이 제품